Tim Szatkowski
Gaddafis Libyen und die Bundesrepublik
Deutschland 1969 bis 1982

**Zeitgeschichte
im Gespräch
Band 15**

Herausgegeben vom
Institut für Zeitgeschichte

Redaktion:
Bernhard Gotto, Andrea Löw
und Thomas Schlemmer

Gaddafis Libyen und die Bundesrepublik Deutschland 1969 bis 1982

von
Tim Szatkowski

Oldenbourg Verlag München 2013

Bibliografische Information der Deutschen Nationalbibliothek
Die Deutsche Nationalbibliothek verzeichnet diese Publikation in der Deutschen
Nationalbibliografie; detaillierte bibliografische Daten sind im Internet über
http://dnb.d-nb.de abrufbar.

Titelbild: Gaddafi bei einer Militärparade in Bengasi anläßlich des 10. Jahrestags
seiner Machtübernahme, 1. September 1979
Foto: dpa/picture alliance, Photograph Eberhard Klöppel
Die Karte Libyens auf S. 47 wurde mit freundlicher Genehmigung des Verlags
Brandes & Apsel entnommen aus: Walter Schicho, Handbuch Afrika, Bd. 3: Nord-
und Ostafrika, Frankfurt a. M. 2004.

© 2013 Oldenbourg Wissenschaftsverlag GmbH, München
Rosenheimer Straße 143, D-81671 München
Tel: 089 / 45051-0
www.oldenbourg-verlag.de

Das Werk einschließlich aller Abbildungen ist urheberrechtlich geschützt. Jede Ver-
wertung außerhalb der Grenzen des Urheberrechtsgesetzes ist ohne Zustimmung
des Verlages unzulässig und strafbar. Dies gilt insbesondere für Vervielfältigungen,
Übersetzungen, Mikroverfilmungen und die Einspeicherung und Bearbeitung in
elektronischen Systemen.

Konzept und Herstellung: Karl Dommer
Einbandgestaltung: hauser lacour
Satz: Dr. Rainer Ostermann, München
Druck und Bindung: Grafik+Druck GmbH, München
Dieses Papier ist alterungsbeständig nach DIN/ISO 9706

ISBN 978-3-486-71870-6
eISBN 978-3-486-74191-9

Inhalt

I. Das Thema und die Quellen.......................... 7

II. Latente Spannungen 1969 bis 1973/74................. 14
   1. Deutsch-libysche Beziehungen vor dem Hintergrund des Ost-West-Konflikts 1969/70........................ 14
   2. Hindernisse: die Nahost-Politik der Bundesrepublik 1971 ... 25
   3. Islamisierung und kulturelle Beziehungen............. 29
   4. Der Anschlag auf die israelische Olympia-Mannschaft 1972... 35
   5. Erdöl als politische Waffe und die Nahost-Politik der Bundesrepublik 1973/74........................ 42

III. Intensivierung der politischen und wirtschaftlichen Beziehungen 1974 bis 1979........................... 48
   1. Der Besuch von Ministerpräsident Jalloud 1974 und der libysche Wunsch nach Waffenlieferungen.............. 48
   2. Die Kooperation im Bereich der inneren Sicherheit und die Entwicklung der wirtschaftlichen Beziehungen 1975/76.... 53
   3. Die Bekämpfung des internationalen Terrorismus: die Konvention gegen Geiselnahme 58
   4. Im Zeichen der inneren Sicherheit: Kooperation vor dem Hintergrund der „Offensive '77" der RAF............. 61
   5. Die Begründung der Volks-Jamahiriya, das „Grüne Buch" und die Frage nach den Menschenrechten 1977 bis 1979 ... 66
   6. Bundesrepublik, DDR und UdSSR: der Ost-West-Konflikt und Libyen 1978/79 73
   7. Genscher in Tripolis – Gaddafi in Bonn? 81

IV. Die große Krise – und die Rückkehr zur „Politik der Kontakte und der Ermutigung" 1980 bis 1982 86
   1. Erpressung, Gewalt – und Gaddafi ante portas 86
   2. Wirtschaftliche Beziehungen im Zeichen der amerikanisch-libyschen Konfrontation 1981............. 98
   3. Gaddafi bei Kreisky 1982 – und die Friedensbewegung bei Gaddafi 113

Inhalt

    4. Ausblick: die Beziehungen zu Libyen unter den
       Bundeskanzlern Kohl und Schröder 121

V. Bilanz. 125

Abkürzungen. 133

I. Das Thema und die Quellen

„Wir verurteilen die Verbrechen des Diktators Gaddafi. Mit diesem Mann kann nicht mehr zusammengearbeitet werden. Er muss gehen. Er spricht nicht mehr für das libysche Volk. [...] Oberst Gaddafi führt einen Krieg gegen das eigene Volk. Er hat jede Legitimation verwirkt. Dieser Diktator muss gehen."[1]

Diese unmissverständliche Aussage von Bundesaußenminister Guido Westerwelle bei seiner Regierungserklärung vor dem Bundestag am 18. März 2011 wirft zwei Fragen auf: Warum hatte sich die Bundesrepublik tags zuvor im Sicherheitsrat der Vereinten Nationen bei der Entscheidung über einen Militäreinsatz in Libyen ihrer Stimme enthalten[2]? Und: Weshalb äußerte sich ein bundesdeutscher Außenminister erst nach über vier Jahrzehnten so dezidiert? Denn dass Muammar al-Gaddafi[3], der am 1. September 1969 in Libyen an die Macht gekommen war, nichts anderes war als ein menschenverachtender Diktator, zeigte sich nicht erst in jüngster Zeit. Schon in den 1970er Jahren wurde deutlich, dass er im Inneren rasch den Aufbau eines Unrechtsstaats betrieb, nach außen den internationalen Terrorismus massiv unterstützte sowie Sicherheit und Stabilität in Nord- und Zentralafrika bedrohte. Nichtsdestotrotz war und blieb Gaddafis Libyen einer der bedeutendsten Wirtschaftspartner der Bundesrepublik, und mit dem Ausbau der Wirtschaftsbeziehungen wurden auch die politischen Beziehungen intensiviert.

Libyen – dieses nordafrikanische Land war 1969 für den überwiegenden Teil der Bundesbürger wohl ganz unbekannt. Allenfalls mochte man sich erinnern, dass im Zweiten Weltkrieg deutsche Truppen unter Erwin Rommel dort die italienischen Streitkräfte unterstützt und dabei zeitweise spektakuläre militärische Erfolge erzielt hatten. Libyen war seit 1911/12 italienische

---

[1] Zit. nach: www.auswaertiges-amt.de/DE/Infoservice/Presse/Reden/2011/110318_BM_Regierungserklärung_Libyen.html.

[2] Die Resolution 1973 des VN-Sicherheitsrats vom 17.3.2011 ermächtigte die Mitgliedstaaten unter bestimmten Voraussetzungen, alle nötigen Maßnahmen zum Schutz der libyschen Zivilbevölkerung zu ergreifen und eine Flugverbotszone durchzusetzen; der Einsatz von Besatzungstruppen war aber ausgeschlossen. Für den Wortlaut vgl. www.un.org/News/Press/docs/2011/sc10200.doc.htm.

[3] Das Auswärtige Amt wies im März 1981 darauf hin, dass sein Name „in deutscher Transkribierung" Gaddafi laute. Er nenne sich „Führer der Großen Revolution vom 1. September". PA/AA, B 36, Ref. 311, Bd. 137683, Runderlass des Vortragenden Legationsrats I. Klasse Reinhard Schlagintweit, Ref. 311, an alle diplomatischen Vertretungen der Bundesrepublik vom 13.3.1981.

8   Das Thema und die Quellen

Kolonie gewesen, als es dem königlichen Heer gelungen war, nach einem Krieg mit dem Osmanischen Reich die Provinzen Tripolitanien und Cyrenaika zu besetzen. 1934 wurden diese beiden Provinzen mit der Provinz Fessan erstmals zu einer politischen Einheit mit dem Namen Libia zusammengefasst, nachdem die italienischen Besatzer ihre Herrschaft gegen hartnäckigen Widerstand hatten durchsetzen können. Dieser Widerstand war von den Senussi getragen worden, einem islamischen Orden mystischer Natur, der seinen politischen und religiösen Einfluss von der Cyrenaika aus bereits unter den Osmanen im 19. Jahrhundert kontinuierlich hatte erweitern können. Die Eingliederung der Kolonie Libia in das italienische Imperium war erst 1939 abgeschlossen – und sie war nur von kurzer Dauer. 1942/43 besetzten britische und französische Truppen das Territorium und errichteten dort Militärverwaltungen.

Libyen konnte zwar am 24. Dezember 1951 unter Vermittlung der Vereinten Nationen seine Unabhängigkeit erreichen, blieb allerdings unter dem greisen König Idris I. aus dem Orden der Senussi ein von politischen und gesellschaftlichen Gegensätzen zerrissener Staat. Dem Land, das etwa fünfmal so groß ist wie die heutige Bundesrepublik, nach 1945 jedoch weniger als eine Million Einwohner zählte, gelang selbst mit dem Boom der Erdölindustrie seit 1960 keine wirkliche Konsolidierung. Ein Bündel von Konflikten führte Ende der 1960er Jahre dazu, dass Beobachter im In- und Ausland einen Putsch erwarteten: Auseinandersetzungen zwischen Monarchisten und Republikanern sowie zwischen den Vertretern eines Einheitsstaats und führenden politischen Repräsentanten aus den Provinzen Tripolitanien, Cyrenaika und Fessan; das Scheitern der parlamentarischen Demokratie; der weitgehende Ausschluss der bürgerlichen Elite von politischen Entscheidungen; der maßgebliche Einfluss einiger weniger Familien; die Verschärfung sozialer Konflikte nach dem Erdölboom; die Gegensätze zwischen Stadt und Land[4].

Diese Erwartungen sollten sich als zutreffend erweisen. Am 6. September 1969 übermittelte der Botschafter der Bundesrepublik in Tripolis, Wilhelm Turnwald, ausführliche Informationen zu einem Militärputsch durch eine Gruppe junger Offiziere am 1. September. Es handelte sich um eine „rasche und relativ unblutige Machtergreifung". Als Hintergründe und Motive

---

[4] Zur Geschichte Libyens unter König Idris I. vgl. Dirk Vandewalle, A History of Modern Libya, Cambridge ²2012, S. 43–75; Walter Schicho, Libyen, in: ders.: Handbuch Afrika. Bd. 3: Nord- und Ostafrika, Frankfurt a.M. 2004, S. 125–143, hier S. 131–135.

nannte Turnwald die Strukturschwächen des Staates, die schlechte Besoldung der Offiziere, Forderungen nach größerem Engagement im „arabischen Befreiungskampf", die Behebung sozialer Missstände und die Eindämmung von Korruption. Die Macht lag in den Händen eines Revolutionären Kommandorats (RKR) aus mehreren Offizieren, die bis dato anonym geblieben waren. Der Name Gaddafi fiel daher noch nicht[5].

Aber wer war dieser junge Mann, der anfangs noch im Verborgenen blieb und Libyen schließlich mehr als 40 Jahre beherrschen und das Land politisch, wirtschaftlich und gesellschaftlich komplett umkrempeln sollte? Gaddafi kam vermutlich im Juni 1942 in der Nähe der Stadt Sirte in der Provinz Tripolitanien zur Welt. Er gehörte dem halbnomadisch lebenden Stammesverband der Gadadfa an. Gaddafis Eltern, Viehhirten in der angrenzenden Wüstenregion, ermöglichten ihrem einzigen Sohn den Besuch der Volksschule sowie, nach ihrem Umzug nach Sebha 1956, den Besuch der Mittel- und Oberschule. Nachdem er wegen politischer Agitation von der Oberschule in Sebha verwiesen worden war, konnte Gaddafi seine Ausbildung 1963 in Misurata erfolgreich beenden. Er engagierte sich früh politisch und wandte sich gegen die inneren Probleme der Monarchie ebenso wie gegen die angebliche Fremdbestimmung Libyens durch westliche Staaten. Dieser Vorwurf war insofern nicht von der Hand zu weisen, als die USA und Großbritannien dort seit 1953/54 bedeutende Militärstützpunkte unterhielten. Zudem konnte das libysche Erdöl nur mit Hilfe amerikanischer und britischer Sachverständiger gefördert werden, wobei Ölgesellschaften wie Esso, Occidental Petroleum Corporation und American Overseas Petroleum zu den wichtigsten Konzessionären zählten.

Von 1963 bis 1965 besuchte Gaddafi mit Erfolg die Königliche Militärakademie in Bengasi. Hier ging es ihm jedoch nicht nur um sozialen Aufstieg, sondern offensichtlich von Anfang an auch darum, Pläne für einen Militärcoup zu schmieden. Für diese Annahme spricht jedenfalls die Gründung des „Bundes der freien Offiziere" im August 1964, der als Nachfolgeorganisation für die bereits in der zweiten Hälfte der 1950er Jahre von Gaddafi mit aufgebauten geheimen Zirkel fungierte und von einem zwölfköpfigen Zentralkomitee angeführt wurde, aus dem sich später die Mitglieder des RKR rekrutierten[6]. Nach Abschluss seiner Kadettenausbildung diente

---

[5] PA/AA, B 150, Fernschreiben 120 von Botschafter Wilhelm Turnwald, Tripolis, vom 6.9.1969.
[6] Der „Bund der freien Offiziere" wurde bis Ende der 1960er Jahre konsequent ausgebaut und spielte bei der Machtübernahme am 1.9.1969 eine Schlüsselrolle. Im RKR dominierten die Offiziere der Jahrgänge 1940 bis 1944, die aus ärmlichen Verhältnissen

Gaddafi als Leutnant bei einer Fernmelde-Einheit. Ein Aufenthalt im westlichen Ausland – 1966 verbrachte er einige Monate zur Fortbildung an der britischen Militärakademie in Beaconsfield – hinterließ bei ihm keine positiven Eindrücke[7].

Als Gaddafi am 1. September 1969 die Macht übernahm, regierte in Bonn noch eine Große Koalition aus CDU/CSU und SPD unter Bundeskanzler Kurt Georg Kiesinger (CDU), die aber schon im Oktober 1969 durch die von Willy Brandt (SPD) geführte sozial-liberale Koalition abgelöst wurde. Die Bundesrepublik – wirtschaftlich zwar erfolgreich, politisch jedoch noch auf dem Weg zu einer europäischen Mittelmacht – trug zwei gravierende Hypotheken mit sich herum, die auch noch mehr als zwei Jahrzehnte nach Kriegsende schwer wogen: den langen Schatten der nationalsozialistischen Vergangenheit und die Teilung der deutschen Nation. Diese Hypotheken machten die Bundesrepublik angreifbar, ihr wirtschaftliches Gewicht und ihr wachsender politischer Einfluss ließen sie aber zugleich zu einem begehrten Partner werden, insbesondere in der Dritten Welt, zu der Libyen gehörte. Die Bundesrepublik entwickelte sich in den 1970er Jahren zu einem der bedeutendsten westeuropäischen Wirtschaftspartner Libyens – hinter Italien, aber klar vor Frankreich und Großbritannien. Umgekehrt avancierte Libyen neben Algerien, Nigeria und Südafrika zum wichtigsten Wirtschaftspartner für die Bundesrepublik auf dem afrikanischen Kontinent. Politisch war die Bundesrepublik neben Frankreich für die libysche Regierung der bevorzugte Ansprechpartner in Westeuropa.

Die 1970er Jahre waren die Jahre der sozial-liberalen Koalition mit den Sozialdemokraten Willy Brandt und Helmut Schmidt als Bundeskanzler sowie den FDP-Politikern Walter Scheel und Hans-Dietrich Genscher als Außenminister. Brandt und Gaddafi? Schmidt und Gaddafi? Genscher und Gaddafi? Wie passt das zusammen? Welche Motive verbargen sich hinter

---

stammten und im ländlichen oder nomadischen Milieu aufgewachsen waren. Vgl. Roswitha Badry, Die Entwicklung der Dritten Universaltheorie (DUT) Muʿammar al-Qaḏḏāfīs in Theorie und Praxis. Aus ideengeschichtlicher und historischer Sicht, Frankfurt a.M. u.a. 1986, S. 30–33; Hanspeter Mattes, Die Volksrevolution in der Sozialistischen Libyschen Arabischen Volksǧamāhīriyya. Die Entwicklung des politischen Systems nach dem al-fātih und die Bedeutung Muʿammar al-Qaḏḏāfī's für den gesellschaftlichen Transformationsprozess, Heidelberg 1982, S. 51–63; Hanspeter Mattes, Bilanz der libyschen Revolution. Drei Dekaden politischer Herrschaft Muʿammar al-Qaddafis, Wuqūf-Kurzanalyse Nr. 11-12, Hamburg 2001, S. 23–26 (www.wuquf.de/wuquf_online/wuquf_2001_libyen.pdf).
[7] Vgl. Hassan Sadek, Gaddafi, Kreuzlingen/München 2005, S. 10–20; Mattes, Bilanz, S. 18 ff.

dieser überraschenden Kooperation? Welche Folgen hatte sie? Welchen Preis zahlte die Bundesrepublik dafür? Unterstützte sie im Ergebnis ein Unrechtsregime, ja, förderte sie es gar unbeabsichtigt? In welcher Hinsicht profitierte sie?

Einiges aus der Geschichte der deutsch-libyschen Beziehungen ist schon länger bekannt[8]. Seit 2012 ist es aber aufgrund der Freigabe großer Aktenbestände möglich, für die gesamte Regierungszeit der sozial-liberalen Koalition von 1969 bis 1982 eine umfassende und differenzierte Beurteilung vorzunehmen. Für die Jahre bis einschließlich 1981 stehen die nicht als Verschlusssache eingestuften Akten ohne Einschränkung zur Verfügung, für das Jahr 1982, das noch unter die Sperrfrist von 30 Jahren für amtliches Archivgut fällt, konnten Genehmigungen zur vorzeitigen Einsichtnahme eingeholt werden[9].

Das vorliegende Buch – die erste quellengestützte Darstellung der Beziehungen zwischen Libyen und der Bundesrepublik von 1969 bis 1982 – basiert auf den Beständen im Politischen Archiv des Auswärtigen Amts, insbesondere auf den Akten der beiden Politischen Abteilungen (2 und 3) sowie der Abteilungen 4 (Außenwirtschaftspolitik, Entwicklungspolitik und europäische wirtschaftliche Integration) und 5 (Rechtsabteilung). Eine maßgebliche Quelle stellen auch die vom Institut für Zeitgeschichte im Auftrag des Auswärtigen Amts edierten „Akten zur Auswärtigen Politik der Bundesrepublik Deutschland" (AAPD) dar, die für die Jahre 1969 bis 1981 vorliegen. Die dort nicht veröffentlichten, jedoch im Zuge der Editionstätigkeit offen gelegten, früher als Verschlusssachen klassifizierten Dokumente fasst der Bestand B 150 im Politischen Archiv zusammen.

Schon diese Quellenbasis legt den methodischen Ansatz der Diplomatiegeschichte nahe und ermöglicht einen tiefen Einblick in zahlreiche Themenfelder, die für das deutsch-libysche Verhältnis von Bedeutung waren. Dazu gehören unter anderem die Frage von Rüstungsexporten nach Libyen, die Entwicklung der wirtschaftlichen Beziehungen, die Zusammenarbeit im Bereich der inneren Sicherheit, die kulturelle Präsenz Westdeutschlands

---

[8] Eine frühe Darstellung der bilateralen Beziehungen legte Sigrid Faath vor: Die Beziehungen der Bundesrepublik Deutschland und der Deutschen Demokratischen Republik zu Libyen 1951 bis 1986. Bestimmungsfaktoren und Unterschiede, in: dies./Hanspeter Mattes (Hrsg.), Wuqûf – Beiträge zur Entwicklung von Staat und Gesellschaft in Nordafrika 1, Hamburg 1986, S. 1–63.

[9] Für die vorzeitige Freigabe von Akten danke ich einmal mehr nachdrücklich dem Politischen Archiv des Auswärtigen Amts in Berlin, vor allem dem stellvertretenden Leiter des Archivs, Herrn Vortragenden Legationsrat Johannes-Baptist Freiherr von Boeselager.

vor dem Hintergrund einer verschärften Islamisierung in Libyen, der Prozess nach dem Mord an einem ehemaligen Diplomaten durch ein libysches Kommando 1980 in Bonn und dessen politische Folgen, die Entführung und monatelange Festsetzung von Bundesbürgern in Tripolis sowie die Überlegungen, Gaddafi zu einem offiziellen Besuch einzuladen.

Die Akten des Auswärtigen Amts lassen es überdies zu, die internationale Dimension der bundesdeutschen Außenpolitik zu behandeln, die entscheidend vom Ost-West-Konflikt sowie der EG- und NATO-Mitgliedschaft der Bundesrepublik geprägt war. Nicht umsonst galt die besondere Aufmerksamkeit der (west-)deutschen Botschaft in Tripolis und des Auswärtigen Amts in Bonn den Beziehungen Libyens zur UdSSR. Hier manifestierte sich die Furcht vor weiteren politischen Erfolgen der Sowjetunion im Nahen Osten und in Nordafrika, was eine Verschiebung der Kräfteverhältnisse im Mittelmeerraum zu ihren Gunsten bedeutet hätte. Die deutsche Teilung spielte für das Verhältnis zwischen der Bundesrepublik und Libyen insoweit eine wichtige Rolle, als die DDR mit ihrer zumindest teilweise erfolgreichen Afrikapolitik auch in Tripolis Fuß zu fassen versuchte, und zwar über die formale Aufnahme diplomatischer Beziehungen hinaus. Dieses Buch gibt folglich auch Auskunft über die deutsch-deutsche Konkurrenz außerhalb Europas.

Gerade die traditionell engen wirtschaftlichen Beziehungen der Bundesrepublik zu Libyen führten seit Anfang der 1970er Jahre dazu, dass Gaddafis Regime den bilateralen Kontakten eine politische Komponente hinzufügen wollte. Dazu zählte die Forderung nach einer stärkeren Berücksichtigung arabischer Interessen im Nahost-Konflikt – eine Forderung, die die Bundesrepublik aufgrund ihrer ausgeprägten wirtschaftlichen, finanziellen und moralischen Verpflichtungen gegenüber Israel in eine schwierige Lage brachte.

Einen besonderen Problemkreis bildete die vielfältige, vor allem finanzielle Unterstützung national oder international agierender „Befreiungsbewegungen" und terroristischer Organisationen durch Gaddafi. So war im Gefolge des Attentats auf die israelische Mannschaft bei den Olympischen Spielen im September 1972 die Frage akut, ob die Regierung Brandt/Scheel die Auslieferung der Geiselnehmer fordern solle, die Zuflucht in Libyen gefunden hatten.

Die Libyen-Politik der Bundesregierung hatte naturgemäß immer Rückwirkungen auf die Beziehungen der Bundesrepublik zu ihren wichtigsten Bündnispartnern. Sehr eindrucksvoll zeigen die diplomatischen Akten, dass sich die westdeutsche Libyen-Politik und diejenige der USA nach der Amtseinführung von Präsident Ronald Reagan im Januar 1981 auseinander

Das Thema und die Quellen 13

entwickelten. Dabei ging es nicht zuletzt um die grundsätzliche Frage, ob äußerer Druck oder die Pflege bestehender Kontakte mit der Hoffnung auf Mäßigung die richtige Antwort auf ein Unrechtsregime sei.

Schließlich rücken die Quellen die innere Entwicklung Libyens von einer konstitutionellen Monarchie zur Herrschaft eines Mannes in den Mittelpunkt. Oft erschien Gaddafi „in vielem Adolf Hitler vergleichbar"[10]. Das war ein zu einfaches Urteil. Gaddafis Machtanspruch nahm ohne Zweifel teilweise totalitäre Züge an. Sein Regime übte jedoch nie eine „totale" Herrschaft im Sinne der nationalsozialistischen oder der stalinistischen Diktatur aus. Auch fehlte die Komponente rassisch oder ideologisch definierter Massengewalt. Aus diesen Gründen ist die Aussage, Gaddafi sei eine Art nordafrikanischer Hitler, weder Erkenntnis fördernd noch statthaft. Libyen entwickelte sich während der mehr als vierzigjährigen Regierungszeit Gaddafis zu einem vor allem an bestimmte politische und ideologische Richtlinien gebundenen Staat, in dem jede Form von Opposition massiv unterdrückt wurde. Die Akten zeigen diese Entwicklung, und sie zeigen auch, wie wenig die Menschenrechtspolitik der Bundesregierung in den 1970er Jahren davon beeinflusst wurde.

---

[10] Fernschreiben 13 von Botschafter Michel Engelhard, Jaunde, vom 29.1.1981, in: Akten zur Auswärtigen Politik der Bundesrepublik Deutschland 1981, bearb. von Daniela Taschler, Matthias Peter und Judith Michel, München 2012, Dok. 23, S. 116–121, hier S. 116.

II. Latente Spannungen 1969 bis 1973/74

1. Deutsch-libysche Beziehungen vor dem Hintergrund des Ost-West-Konflikts 1969/70

Die Bundesregierung beurteilte die Entwicklung in Libyen 1969 insbesondere vor dem Hintergrund des Ost-West-Konflikts, der deutsch-deutschen Beziehungen und der eigenen Wirtschaftsinteressen. Das neue Regime wurde dem „radikalen arabischen Lager" zugerechnet, und man nahm an, dass sich das Kräfteverhältnis im Mittelmeerraum ändern und die UdSSR dort mehr Einfluss erlangen werde. Die Prognose lautete, dass sich die jungen libyschen Machthaber gegenüber den Warschauer-Pakt-Staaten öffnen würden. Es handelte sich um eine „politisch, aber auch militärisch gefährliche Entwicklung" an der Südflanke der NATO[1].

Die Lage in einzelnen Ländern Nordafrikas und des Nahen Ostens war für die Bundesrepublik wie für die westliche Staatengemeinschaft insgesamt bereits besorgniserregend. Zu den radikalen arabischen Staaten zählten Ägypten, Algerien, der Irak, die Volksrepublik Südjemen (ab 1970 Demokratische Volksrepublik Jemen) und Syrien. So unterschiedlich diese Staaten auch waren, hatten sie doch einiges gemeinsam. Erstens standen sie Israel feindselig gegenüber. Sie nahmen – von Ägypten abgesehen, das nach einem Ausgleich mit Israel suchte – zusammen mit Libyen und PLO-Vertretern vom 2. bis 5. Dezember 1977 in Tripolis an der ersten Konferenz der „Front der Standhaftigkeit" (oder „Ablehnungsfront") teil, die einen Friedensvertrag zwischen Ägypten und Israel unter Vermittlung der USA torpedieren wollte[2]. Zweitens gerieten die genannten Staaten, wenn auch in verschiedener Ausprägung, in das Fahrwasser der östlichen Weltmacht. Der Südjemen lehnte sich innen- und außenpolitisch so stark an die Sowjetunion an, dass das Land zu einem ihrer Satellitenstaaten wurde; die übrigen empfingen von der UdSSR in großem Stil Wirtschafts- und Militärhilfe[3]. Ägypten (1971),

---

[1] PA/AA, B 150, Weisung 899 von Ministerialdirektor Paul Frank, Abteilung I, an die Ständige Vertretung bei der NATO in Brüssel vom 8.9.1969.
[2] Die „Front der Standhaftigkeit" war allerdings auch von tiefen Interessengegensätzen gekennzeichnet. Vgl. Jean-Joseph Clam/Helmut Hubel, Die Krise um Libyen, Bonn 1987, S. 25–31.
[3] Zum wirtschaftlichen und militärischen Engagement der UdSSR vgl. Henner Fürtig, Kleine Geschichte des Irak. Von der Gründung 1921 bis zur Gegenwart, München 2003, S. 91; Rudolf J. Lauff, Die Außenpolitik Algeriens 1962–1978. Phasen und Bezugsfelder, München/London 1981, S. 183–193; Horst Mahr, Die Rolle Ägyptens in

der Irak (1972), der Südjemen (1979) und Syrien (1980) schlossen Freundschafts- und Kooperationsabkommen mit der Sowjetunion[4].

Eine weitere große Sorge der Bundesregierung galt der Position der DDR in Libyen. Die DDR unterhielt Ende der 1960er Jahre keine diplomatischen Beziehungen zu Libyen. Allerdings residierte seit 1965, ohne offiziellen Status, ein Vertreter Ost-Berlins in der Hauptstadt Tripolis, der sich als *Representative of the German Democratic Republic for Economy and Trade* bezeichnete. Dieser Repräsentant bemühte sich um die Einrichtung einer Handelsvertretung oder Handelskammervertretung, was aber nicht gelang. Er verfügte über erhebliche Mittel für Öffentlichkeitsarbeit, die vor allem dazu verwendet wurden, die Libyer in der Palästina-Frage zu unterstützen und die Bundesrepublik als Helfershelfer Israels zu diskreditieren[5].

Die Bundesrepublik nahm Mitte der 1950er Jahre diplomatische Beziehungen zu Libyen auf. Im Juni 1955 konnte sie eine Gesandtschaft in der Hauptstadt eröffnen, die knapp sechs Jahre später, im April 1961, in eine Botschaft umgewandelt wurde. Selbst nach der so genannten Nahost-Krise der westdeutschen Außenpolitik 1964/65 wurden die Beziehungen seitens des Königreichs nicht beendet. Der überwiegende Teil der damals 13 Mitgliedstaaten der Arabischen Liga[6] vollzog dagegen diesen Schritt und brach im Mai 1965 den diplomatischen Verkehr ab – mit Ausnahme Marokkos, Tunesiens und eben Libyens[7]. Den Hintergrund dieser Krise bildeten Me-

---

der amerikanischen und sowjetischen Außenpolitik. Von der Suez-Krise 1956 bis zum Sechs-Tage-Krieg 1967. Exkurs: Sadats Umkehrung der Allianzen 1974, Baden-Baden 1993, S. 269–280 und S. 387–396; Christian Scheider, Der südliche Jemen und die Sowjetunion. Großmachtengagement und politische Radikalisierung in der Dritten Welt, Hamburg 1989, S. 220–251; Martin Stäheli, Die syrische Außenpolitik unter Präsident Hafez Assad. Balanceakte im globalen Umbruch, Stuttgart 2001, S. 211–233.

[4] Der Vertrag vom 27.5.1971 zwischen Ägypten beziehungsweise der Vereinigten Arabischen Republik und der UdSSR über Freundschaft und Zusammenarbeit wurde am 15.3.1976 von ägyptischer Seite gekündigt.

[5] PA/AA, B 36, Ref. I B 4, Bd. 411, Schriftbericht 205 von Botschafter Turnwald vom 24.3.1969.

[6] Ägypten, Algerien, der Irak, die Arabische Republik Jemen (Nordjemen), Jordanien, Libanon, Libyen, Marokko, Saudi-Arabien, Sudan, Syrien und Tunesien. Hinzu kam Kuwait, zu dem die Bundesrepublik damals aber keine diplomatischen Beziehungen unterhielt.

[7] Vgl. 40 Jahre Außenpolitik der Bundesrepublik Deutschland. Eine Dokumentation, hrsg. vom Auswärtigen Amt, Stuttgart 1989, S. 733–736 und S. 741–744. Die diplomatischen Beziehungen zu den betreffenden Staaten wurden zwischen 1967 und 1974 wieder aufgenommen.

dienberichte vom Herbst 1964 über Rüstungslieferungen (darunter Panzer) der Bundesrepublik an Israel, die der Wahrheit entsprachen. Nachdem diese Rüstungsexporte öffentlich geworden waren, beschloss die Bundesregierung unter Bundeskanzler Ludwig Erhard (CDU) im Frühjahr 1965, diplomatische Beziehungen zu Israel aufzunehmen. Mit viel Glück schlitterte die christlich-liberale Regierung am Zusammenbruch ihrer deutschlandpolitischen Positionen vorbei, da zunächst kein einziger arabischer Staat diplomatische Beziehungen zur DDR aufnahm[8]. Libyen zog kurzfristig seinen Botschafter aus Bonn ab, sah jedoch vom völligen Abbruch der politischen Beziehungen ab. Vermutlich spielten dabei die prinzipiell stärker westliche Orientierung der Außenpolitik unter König Idris I. und die Bedeutung der Bundesrepublik als Wirtschaftspartner eine große Rolle. Die Monarchie erkannte jedenfalls den Alleinvertretungsanspruch der Bundesrepublik bis zu ihrem Sturz 1969 an.

Bereits kurz nach dem Militärputsch in Libyen, am 2. September 1969, erklärte der stellvertretende Sprecher der Bundesregierung, Conrad Ahlers, die Bundesrepublik habe Hoffnung, dass die bisher freundschaftlichen Beziehungen erhalten blieben. Zugleich sprach er die Erwartung aus, dass die Lieferung libyschen Erdöls ungehindert fortgesetzt werde[9]. Eine ausdrückliche Anerkennung des neuen Regimes kam nicht in Frage, weil die Bundesrepublik grundsätzlich keine Regierungen, sondern ausschließlich souveräne Staaten völkerrechtlich anerkannte. Die Anerkennung des RKR erfolgte allerdings implizit durch Weiterführung des geschäftsmäßigen völkerrechtlichen Verkehrs, den abzubrechen zu keiner Zeit erwogen wurde. Eine solche Überlegung wäre auch völlig abwegig gewesen. Das bilaterale Verhältnis war entspannt, der Wirtschaftsaustausch bedeutend und über die Ziele der neuen Machthaber wenig bekannt.

Nach einem Gespräch mit einem Berater des RKR in außenpolitischen Fragen am 6. September 1969 konnte Botschafter Turnwald äußerst zufrieden feststellen, dass Vorschläge zur Anerkennung der DDR vom RKR verworfen worden waren, wie sie die Botschafter mehrerer osteuropäischer

---

[8] Zur Nahost-Krise vgl. Niels Hansen, Aus dem Schatten der Katastrophe. Die deutsch-israelischen Beziehungen in der Ära Konrad Adenauer und David Ben Gurion. Ein dokumentierter Bericht, Düsseldorf 2002, S. 691–823; Yeshayahu A. Jelinek, Deutschland und Israel 1945–1965. Ein neurotisches Verhältnis, München 2004, S. 401–467.
[9] Vgl. Akten zur Auswärtigen Politik der Bundesrepublik Deutschland 1969, bearb. von Franz Eibl und Hubert Zimmermann, München 2000, Dok. 281, S. 978 ff., hier S. 979, Anm. 7.

und arabischer Staaten vorgebracht hatten. Turnwald war allerdings fest davon überzeugt, dass mit „weiteren und zähen Versuch[en] in dieser Richtung in Zukunft gerechnet werden" müsse. Der Botschafter teilte darüber hinaus mit, dass sich der RKR über die außenpolitischen Grundlinien noch nicht vollkommen im Klaren sei[10].

Im Auswärtigen Amt überlegte man, was zu tun sei, sollte Libyen die DDR anerkennen. Wirtschaftssanktionen, so viel war klar, schieden aus[11]. 1968 lag der Gesamtexport Libyens (darunter Erdöl mit einem Anteil von 99,8 Prozent) bei über 667 Millionen Libyschen Pfund. Davon entfielen auf die Bundesrepublik über 176 Millionen, was einem Anteil von 26,4 Prozent entsprach. Libyen deckte ungefähr 42 Prozent der Erdöleinfuhr der Bundesrepublik; es gehörte neben dem Iran, Saudi-Arabien und Venezuela zu den vier wichtigsten Öl exportierenden Staaten der Welt[12]. Auch nach dem Umsturz 1969 änderte sich an dieser Situation grundsätzlich nichts. 37 Prozent der Rohölimporte der Bundesrepublik stammten 1970 aus Libyen; bedeutendster Importeur libyschen Öls war mittlerweile Italien, aber die Bundesrepublik rangierte immerhin an zweiter Stelle[13]. So blieb Westdeutschland auf Libyen angewiesen, während für Libyen umgekehrt der bundesdeutsche Markt essentiell war.

Die Botschaft der Bundesrepublik in Tripolis stand unmittelbar nach dem Militärputsch vor ganz praktischen Schwierigkeiten. So war es bis Mitte September 1969 noch nicht gelungen, eine wirklich zuverlässige Liste mit den Mitgliedern des RKR aufzustellen, als dessen Vorsitzender der erst 27jährige Oberst Muammar al-Gaddafi in Erscheinung getreten war. Gaddafi und seine Mitstreiter wurden schon bald zu den „sozialistischen Revolutionären" gerechnet[14]. Nachdem Gaddafi etwa zwei Wochen in der Anonymität verbracht hatte, um einen Erfolg potentieller Konkurrenten zu verhindern und Zeit zu gewinnen, hielt er am 16. September 1969 zum Gedenken an den vor 38 Jahren von den Italienern hingerichteten Unabhängigkeits-

---

[10] PA/AA, B 150, Fernschreiben 122 von Botschafter Turnwald vom 7.9.1969.
[11] Aufzeichnung von Ministerialdirigent Walter Gehlhoff, Unterabteilung I B, vom 8.9.1969, in: AAPD 1969, Dok. 281, S. 978 ff., hier S. 980.
[12] PA/AA, B 36, Ref. I B 4, Bd. 334, Schriftbericht 962 von Botschafter Turnwald vom 10.12.1969. Ein Libysches Pfund entsprach 10,38 DM.
[13] PA/AA, B 36, Ref. I B 4, Bd. 383, Schriftbericht 935 von Botschafter Günther Franz Werner, Tripolis, vom 8.12.1971. Werner hatte im August 1971 Turnwald als Botschafter abgelöst.
[14] PA/AA, AV Tripolis, Bd. 4346, Schreiben der Außenstelle in Bengasi an die Botschaft in Tripolis vom 17.9.1969. Gaddafi ließ sich nach der Machtübernahme zum Oberst befördern und zum Oberbefehlshaber der Streitkräfte ernennen.

kämpfer Omar al-Mukhtar in Bengasi seine erste öffentliche Rede unter dem Motto der ägyptischen Revolutionäre: Freiheit, Einheit, Sozialismus. Freiheit bedeutete in Gaddafis Worten zum einen die politische und wirtschaftliche Unabhängigkeit Libyens, zum anderen die Freiheit des einzelnen im Sinne der Befreiung von Armut, Willkür und Unterdrückung. Unter Einheit verstand er zunächst die nationale, dann die arabische Einheit als Grundbedingung für die Befreiung Palästinas. Sozialismus, der sich auf die Lehren des Islam gründen sollte, war für ihn die Teilhabe aller am Wohlstand. Turnwald berichtete dazu, die Betonung der nationalen Komponente sei auffällig, und die Vorstellung vom libyschen Sozialismus stelle eine Absage an radikale Interpretationen dar[15]. Vor dem Hintergrund der Biographie Gaddafis erscheinen zentrale Aussagen in seiner programmatischen Rede vom 16. September 1969 plausibel, nämlich die Forderung nach der Unabhängigkeit Libyens und der arabischen Einheit ebenso wie der Wunsch nach mehr sozialer Gerechtigkeit.

Es war nicht überraschend, dass Botschafter Turnwald während seines ersten Gesprächs mit Gaddafi am 10. Oktober 1969 mit der Frage konfrontiert wurde, in welcher Form und zu welchem Zeitpunkt die neue Bundesregierung – am 28. September 1969 hatten die Wahlen zum 6. Bundestag stattgefunden – ihre Haltung zu den „deutsch-arabische[n] Beziehungen" definieren werde. In der Frage einer etwaigen Anerkennung der DDR zeigte sich Gaddafi „zurückhaltend". Turnwald kam zu dem Ergebnis: „Offenbar beherrscht die Israel-Frage die derzeitige libysche Regierung wie ein politisches Trauma." Alles in allem machte Gaddafi, der „intelligent" erschien, auf ihn einen „physisch gut trainierten Eindruck"[16].

Die politische Philosophie Gaddafis war nahezu ausschließlich von einem einzigen Vorbild geprägt, dem „Musterbild des revolutionären Dritte-Welt-Diktators", dem ägyptischen Präsidenten Gamal Abdel Nasser[17]. Aber in seinem, wie sich Turnwald ausdrückte, „naiven, durch keine politische Erfahrung getrübten Idealismus" und in seiner beinahe „schwärmerische[n], puerile[n] Heldenverehrung" übersah Gaddafi, dass Nasser nach der Niederlage gegen Israel im Sechs-Tage-Krieg vom Juni 1967 innenpolitisch angeschlagen war und dass die Idee der arabischen Nation an Strahlkraft

---

[15] PA/AA, AV Tripolis, Bd. 4346, Schriftbericht von Botschafter Turnwald vom 17.9.1969; vgl. dazu Mattes, Bilanz, S. 33–37.
[16] PA/AA, B 36, Ref. I B 4, Bd. 411, Fernschreiben 174 von Botschafter Turnwald vom 13.10.1969.
[17] Zu Nasser vgl. Hans-Peter Schwarz, Das Gesicht des Jahrhunderts. Monster, Retter und Mediokritäten, Berlin 1998, S. 564–571, hier S. 570.

eingebüßt hatte. Die enge Kooperation zwischen Gaddafis Libyen und Ägypten nutzte Nasser, in diesem Fall ganz Realpolitiker, für eigene Zwecke. Turnwald kam Ende 1969 zu der Ansicht, dass die Ägypter die Fäden der libyschen Innenpolitik in Händen hielten. Zahlreiche ägyptische Experten bekleideten militärische und administrative Schlüsselstellungen, was zunächst eine Preisgabe vitaler libyscher Interessen bedeutete[18].

Der Widerspruch zwischen dem Ziel nationaler Unabhängigkeit und der konkreten Ausgestaltung der neuen libyschen Politik war offensichtlich, doch für die Libyer bei weitem nicht so gravierend wie der Gegensatz zwischen den versprochenen individuellen Freiheiten und dem Umgang mit diesem Postulat. Alle Zusagen endeten, sobald Gaddafis Machtansprüche ins Spiel kamen. In einem eindrucksvollen Bericht, der an Klarheit nichts zu wünschen übrig ließ, sprach Turnwald mit Blick auf die vorläufige libysche Verfassung vom 11. Dezember 1969 davon, dass ihr Text und die Verfassungswirklichkeit übereinstimmen würden. Der RKR habe nicht einmal den „sonst üblichen Versuch" gemacht, „wenigstens die Fassade einer freiheitlich-demokratischen Staatsordnung zu errichten". Es handele sich um eine „Verfassung", die gar nicht erst darum bemüht sei, „den diktatorischen Charakter des Regimes zu kaschieren". Die Verfassung sanktionierte die Militärherrschaft und verlieh dem RKR uneingeschränkte legislative und exekutive Befugnisse. Der Ministerpräsident und das Kabinett waren vom RKR abhängig, repräsentative Elemente fehlten völlig. Die äußerst dürftig ausgestalteten Grundrechte standen unter Gesetzesvorbehalt und so zur Disposition des RKR. Mit einem „Dekret zum Schutz der Revolution" zeigte sich der RKR „frei von rechtsstaatlichen Hemmungen"[19]. Das Bekenntnis zu den Menschenrechten und zu einem „Leben in Freiheit und Würde", das der RKR gegenüber Bundespräsident Gustav Heinemann (SPD) abgab, war ein Hohn[20].

Die Frage, ob Gaddafi ein sozialistischer Reformer oder gar Revolutionär sei, wurde mit der vorläufigen Verfassung recht eindeutig beantwortet. Sie steckte mit mehreren programmatischen Artikeln den Weg zu einem „islamischen Sozialismus" ab, der zu Verteilungsgerechtigkeit führen und Klassen-

---

[18] PA/AA, B 36, Ref. I B 4, Bd. 413, Schriftbericht 997 von Botschafter Turnwald vom 17.12.1969.

[19] PA/AA, AV Tripolis, Bd. 4346, Schriftbericht 980 von Botschafter Turnwald vom 15.12.1969.

[20] PA/AA, B 36, Ref. I B 4, Bd. 411, Schreiben des RKR an Heinemann, das mit Verbalnote der libyschen Botschaft vom 6.9.1969 im Auswärtigen Amt zur Weiterleitung übergeben wurde.

unterschiede abbauen sollte. Privates Eigentum fiel dabei zunächst keinesfalls dem Verdikt von Enteignungen anheim. Zu welchen Maßnahmen es im Einzelnen kommen würde, blieb freilich abzuwarten. Doch viel wichtiger schienen in diesem Zusammenhang die Aussagen über die Befreiung der libyschen Wirtschaft von ausländischen Einflüssen zu sein, die den Kern der Forderungen Gaddafis und seiner Weggefährten bildeten[21]. Aber alles das war von einer auf der marxistischen Ideologie basierenden Wirtschafts- und Gesellschaftsordnung weit entfernt. Es handelte sich um den unmissverständlich vorgetragenen Anspruch auf Nationalisierung insbesondere der libyschen Schlüsselwirtschaft, der Ölindustrie. Die in der westlichen Welt verbreitete Auffassung, in Libyen vollziehe sich eine Umwälzung unter sozialistischen Vorzeichen, war zu pauschal und traf in dieser Form nicht zu. Mit dieser Einschätzung ging immer auch die Sorge einher, das Land könnte sich in seiner Außenpolitik eng an die UdSSR anlehnen. Auch das war jedoch nicht der Fall. Zwar kam es bald zu beträchtlichen Rüstungslieferungen aus der Sowjetunion, aber politisch blieb Libyen für Moskau insgesamt ein ziemlich unberechenbarer Partner, der sich nicht vereinnahmen ließ.

Gaddafi setzte seine maßgeblichen Vorhaben im Inneren rasch um: den Abzug der britischen und amerikanischen Streitkräfte von ihren Militärbasen in der Cyrenaika und in Tripolitanien, der bis zum 28. März beziehungsweise bis zum 11. Juni 1970 vollzogen wurde; die Enteignung italienischen Eigentums und die Ausweisung der großen italienischen Gemeinde; die Ausweisung der aus einigen hundert Personen bestehenden jüdischen Gemeinde; erste Maßnahmen zur Teil-Nationalisierung der großen Konzessionsgesellschaften in der Ölindustrie (angestrebt wurde eine eigene Beteiligung von 51 Prozent); gestaffelte Erhöhungen des Förderzinses und folglich eine beträchtliche Steigerung der Einnahmen aus der Erdölgewinnung; Verstaatlichungen von Banken und Versicherungen; nicht zuletzt eine verstärkte Islamisierung des öffentlichen Lebens.

Die Botschaft der Bundesrepublik in Tripolis beurteilte die Erfolgsaussichten für Gaddafi anfangs sehr skeptisch. Die Tatsache, dass er im Januar 1970 die Ämter des Ministerpräsidenten und Verteidigungsministers übernahm und seinen engsten Vertrauten, die Nummer zwei im RKR, den 1944 geborenen Abdel Salam Jalloud, zum Innenminister und stellvertretenden Regierungschef ernannte, demonstrierte die bisherigen Defizite der Regie-

---

[21] PA/AA, AV Tripolis, Bd. 4346, Schriftbericht 980 von Botschafter Turnwald vom 15.12.1969.

rung. Turnwald meinte, Gaddafis Manövrierfeld sei schmal[22]. Libyen, mit 1,7 Millionen Einwohnern und einem Territorium von 1,75 Millionen Quadratkilometern der „am dünnsten besiedelte souveräne Staat der Welt", zeichne sich durch „politische und militärische Schwäche" aus. Trotz des Reichtums an Öl sei es ein Entwicklungsland. Positiv wurde vermerkt, dass die UdSSR – der unter anderem daran gelegen war, Einfluss auf die libyschen Ölexporte zu nehmen und Stützpunkte für ihre Mittelmeerflotte an der Küste zu schaffen – dort nicht Fuß gefasst hatte. Eine Vereinbarung zwischen Frankreich und Libyen über die Lieferung von über 100 Kampfflugzeugen vom Typ „Mirage" zum Wiederaufbau der verbündeten ägyptischen Luftwaffe nach dem Sechs-Tage-Krieg mutete sensationell an. Sie lag Turnwald zufolge ganz im Interesse des Westens, weil sie geeignet schien, dem sowjetischen Einfluss einen Riegel vorzuschieben. Ansonsten positionierte sich Gaddafi im Nahost-Konflikt mit der Forderung, den Staat Israel zu beseitigen, unzweideutig. Libyen leistete finanzielle Unterstützung für Ägypten, das Königreich Jordanien und palästinensische Widerstandsgruppen[23].

Wie schwer kalkulierbar die libysche Politik war, zeigte sich aber bereits 1970, als die UdSSR im Juli das erste Mal im größeren Stil Rüstungsgüter lieferte. Der spektakuläre Export von Panzern und anderem schwerem Gerät schien ihr in der Zukunft über Ersatzteillieferungen und die Entsendung von technischem Personal einen wachsenden Einfluss auf Libyen zu sichern[24]. Gaddafis „militante[r] Antikommunismus" und seine Doktrin des „positiven Neutralismus" – also Äquidistanz zu den USA und zur UdSSR – standen derartigen Geschäften jedenfalls nicht entgegen[25]. Als Fürsprecher engerer Bindungen zum Osten trat fortan immer wieder Jalloud hervor, der nicht nur den Wunsch nach intensiveren wirtschaftlichen, sondern auch nach vertieften politischen Beziehungen zur Sowjetunion hegte. Jalloud, von Juli 1972 bis März 1977 Regierungschef, war zweifellos weniger von islamischen Idealvorstellungen geleitet als Gaddafi und der wichtigste Repräsentant des „linken" Flügels im RKR[26].

[22] PA/AA, AV Tripolis, Bd. 4346, Schriftbericht 49 von Botschafter Turnwald vom 20.1.1970.
[23] PA/AA, B 36, Ref. I B 4, Bd. 413, Schriftbericht 309 von Botschafter Turnwald vom 30.4.1970.
[24] PA/AA, B 36, Ref. I B 4, Bd. 410, Schriftbericht 749 von Botschafter Turnwald vom 6.10.1970.
[25] PA/AA, B 36, Ref. I B 4, Bd. 413, Schriftbericht 185 von Botschafter Turnwald vom 10.3.1971.
[26] PA/AA, B 36, Ref. I B 4, Bd. 412, Vermerk des Referats I B 4, der dem Bundeskanzleramt am 8.7.1971 übermittelt wurde.

Die Beziehungen der Bundesrepublik zu Libyen standen zunächst vor allem im Zeichen der Fesseln, welche die Deutschlandpolitik nach wie vor mit sich brachten. Jeden Schritt, den die DDR in Richtung auf Anerkennung durch Libyen unternahm, registrierte die Botschaft sorgfältig. Gegenmaßnahmen wurden, wenn nötig, rasch eingeleitet. Am 12. Juni 1970 berichtete Turnwald, der stellvertretende Außenminister der DDR, Wolfgang Kiesewetter, sei am Tag zuvor in Tripolis von Jalloud empfangen worden. Kiesewetter habe ein Schreiben Walter Ulbrichts, des Ersten Sekretärs des Zentralkomitees der SED und Vorsitzenden des Staatsrats der DDR, an Gaddafi übergeben, in dem es um die Aufnahme diplomatischer Beziehungen ging. Turnwald wertete dieses Vorgehen als Auftakt zur „nächste[n] Phase der Durchdringung des arabischen Raums" durch die DDR, nachdem es ihr im April/Mai 1970 gelungen war, diplomatische Beziehungen zu Somalia und Algerien aufzunehmen[27]. Der Botschafter sprach daraufhin im libyschen Außenministerium vor. Außenminister Saleh Masoud Buweisir versicherte am 17. Juni, dem „Tag der deutschen Einheit", dass sich die Haltung Libyens in der Deutschland-Frage nicht geändert habe[28].

Eine härtere Gangart bekam Karl Moersch zu spüren, der erste westdeutsche Regierungsvertreter, der Gaddafis Libyen besuchte. Der Parlamentarische Staatssekretär beim Bundesminister des Auswärtigen hielt sich zur Tripolis-Messe am 7./8. März 1971 dort auf und sprach mit Jalloud, der sogleich polemisch darauf verwies, dass die Bundesrepublik Absichten verfolge, die mit den Interessen der Araber nicht in Einklang ständen. Wenn sie ihre Haltung nicht ändere, „käme es bald zum völligen Bruch der Beziehungen". Falls sein Land sich entscheiden müsse, mit der DDR oder der Bundesrepublik zusammenzuarbeiten, würde es die DDR vorziehen. Libyen bleibe nichts anderes übrig, als mit den „revolutionär-progressiven Ländern" zu kooperieren[29]. Der Vertreter der DDR in Tripolis nannte sich nun *Representative of the Government of the German Democratic Republic* (ohne den Zusatz *for Economy and Trade*). Die DDR unterlief so, zumindest nach außen

---

[27] PA/AA, B 36, Ref. I B 4, Bd. 411, Fernschreiben 82 von Botschafter Turnwald vom 12.6.1970.

[28] PA/AA, B 36, Ref. I B 4, Bd. 411, Fernschreiben 90 der Botschaft in Tripolis vom 18.6.1970.

[29] Aufzeichnung über das Gespräch am 8.3.1971 in Tripolis, in: Akten zur Auswärtigen Politik der Bundesrepublik Deutschland 1971, bearb. von Martin Koopmann, Matthias Peter und Daniela Taschler, München 2002, Dok. 86, S. 421 ff., hier S. 421. Zuletzt hatte sich im März 1969 Bundesfinanzminister Franz Josef Strauß (CSU) in Libyen aufgehalten.

hin, geschickt alle Zwischenstufen einer Aufwertung über eine Handelsvertretung oder ein Generalkonsulat. Auf diese Weise war es „nur noch ein Schritt zur Errichtung einer Botschaft"[30].

So standen die Zeichen vor dem ersten Besuch Jallouds in der Bundesrepublik vom 18. bis 20. Juli 1971 eher auf Sturm. Im Zuge der Vorbereitungen konnte wenigstens positiv vermerkt werden, dass Libyen als einziger Staat im „progressiven arabischen Lager" diplomatische Beziehungen nur mit der Bundesrepublik unterhielt. Dagegen hatten Ägypten, der Irak und Syrien bereits 1969 diplomatische Beziehungen zur DDR aufgenommen. Die Doktrin des „positiven Neutralismus" entsprach auch westdeutschen Interessen, wenn Libyen dadurch von einer einseitigen Bindung an die UdSSR abgehalten werden konnte. Negativ schlug zu Buche, dass Libyen das militärische Personal der USA und Großbritanniens des Landes verwiesen hatte, dass es für eine kriegerische Lösung des Nahost-Konflikts eintrat und in zunehmend härterer Form seine Forderungen nach höheren Preisen auf dem Erdölmarkt durchzusetzen wusste[31].

Von überregionaler Bedeutung war nicht zuletzt ein am 17. April 1971 zwischen Libyen, Ägypten und Syrien geschlossenes Abkommen, das eine Föderation der drei Staaten vorsah. Diese Föderation sollte die Bildung einer großen arabischen Staatengemeinschaft anstoßen und die Entwicklung einer „sozialistisch-arabischen Gesellschaft" ermöglichen. Das Auswärtige Amt registrierte das Abkommen, das bereits Anfang September 1971 in Kraft treten sollte, mit großer Aufmerksamkeit, gerade auch im Hinblick darauf, dass Ägypten und die UdSSR am 27. Mai 1971 einen Vertrag über Freundschaft und Zusammenarbeit unterzeichnet hatten. Würde die Sowjetunion nun weiteren Einfluss in der Region gewinnen? Die Einschätzungen gingen dahin, dass Gaddafis Antikommunismus dies nicht zulassen werde. Insgesamt wurden die Erfolgsaussichten des Abkommens skeptisch beurteilt, weil die anvisierten Wege zur Lösung des Nahost-Konflikts – auf militärische (Libyen) oder politische Weise (Ägypten unter seinem neuen Präsidenten Mohamed Anwar as-Sadat) – unvereinbar erschienen[32].

---

[30] PA/AA, B 36, Ref. I B 4, Bd. 411, Schriftbericht 453 von Botschaftsrat Gerhard Müller-Chorus, Tripolis, vom 30. 6. 1971.
[31] PA/AA, B 36, Ref. I B 4, Bd. 412, Schriftbericht 501 von Botschaftsrat Müller-Chorus vom 14. 7. 1971.
[32] PA/AA, B 36, Ref. I B 4, Bd. 413, undatierte Aufzeichnung des Referats I B 4 (vermutlich Mitte Juli 1971). Zu Gaddafis gescheiterten Einigungsbestrebungen im arabischen Raum in den 1970er und 1980er Jahren vgl. Heinz Brill, Libyens Außen- und

Jalloud erwies sich bei seinem Aufenthalt in der Bundesrepublik jedenfalls als noch weniger pflegeleicht als ohnehin erwartet. Im Gespräch mit Bundeskanzler Brandt betonte er am 20. Juli 1971, dass die Bundesrepublik eine andere Nahost-Politik als die USA verfolgen müsse. Unverhohlen drohend fügte er hinzu, dass die westdeutsche Energieversorgung vorwiegend auf arabischen Ölquellen basiere. Es sei unmöglich, politische und wirtschaftliche Angelegenheiten voneinander zu trennen. Israel stelle ein „widernatürliches Gebilde" dar, das „eines Tages verschwinden" werde. Es könne nicht sein, dass die Bundesrepublik dort die „hitlerisch-zionistischen Kräfte" unterstütze und wirtschaftlich fördere. Brandt hatte dem nur einige Floskeln entgegenzuhalten[33]. Womöglich antwortete der Kanzler aber auch in dem Bewusstsein, dass die offenen Drohungen aller Voraussicht nach nur leere Worte sein würden. So hatte Turnwald im März 1971 nach einem Gespräch mit Abdel Moneim al-Houni, einem Mitglied des RKR, mitgeteilt, dass die Bundesrepublik in ein mögliches Ölembargo nicht einbezogen werden würde. Der Botschafter deutete diese Worte damals als Zeichen des „Strebens nach verstärkter deutsch-libyscher Zusammenarbeit"[34]. Dabei blieb es dann in der Tat. Alle späteren Drohungen, Libyen könne die Ölexporte einstellen, erwiesen sich als hohle Phrasen; das Interesse an einer politischen und wirtschaftlichen Zusammenarbeit mit der Bundesrepublik war dafür viel zu groß.

Sogar die langjährigen Befürchtungen, Libyen könne diplomatische Beziehungen zur DDR aufnehmen, waren unbegründet. Dieser Schritt erfolgte erst im Juni 1973, nachdem der Grundlagenvertrag zwischen der Bundesrepublik und der DDR vom 21. Dezember 1972 in Kraft getreten war. In diesem Punkt mochten bei Gaddafi außer handfesten politischen und wirtschaftlichen Motiven ebenso Emotionen eine Rolle spielen, da er selbst hartnäckig und mit größtem Engagement wiederholt eine Einheit arabischer Staaten herzustellen versuchte und daher auch das Festhalten an der Einheit der deutschen Nation und die Forderung nach staatlicher Vereinigung der beiden deutschen Staaten als völlig legitim erachtete. Schließlich musste bei Jalloud, der für seine Unbeherrschtheit und sein aufbrausendes Temperament bekannt war, immer in Rechnung gestellt werden, dass er als Stellvertreter Gaddafis zwar über beträchtlichen Einfluss verfügte, letzterer aber die politisch bestimmende Figur war und blieb.

Sicherheitspolitik. Moamar el Gaddafis Motive und Visionen, Baden-Baden 1988, S. 39–51.
[33] Aufzeichnung über das Gespräch, in: AAPD 1971, Dok. 253, S. 1167–1170, hier S. 1168f.
[34] PA/AA, B 150, Fernschreiben 94 von Botschafter Turnwald vom 18.3.1971.

2. Hindernisse: die Nahost-Politik der Bundesrepublik 1971

Besonders ernst zu nehmen war allerdings die Forderung der libyschen Regierung, die Bundesrepublik müsse sich im Nahost-Konflikt zugunsten der arabischen Staaten positionieren. Dies war so selbstverständlich nicht umsetzbar, aber für die Bundesrepublik ergab sich doch zunehmend das Problem, in ihrer Nahost-Politik die zum Teil nicht unberechtigten arabischen Interessen stärker berücksichtigen zu müssen. Auf diese Weise bestand die Gefahr, sich zwischen alle Stühle zu setzen. Hinzu kam die zunehmende Einbindung der Bundesrepublik in die europäische und die internationale Politik – Anfang der 1970er Jahre zunächst mit der Entwicklung der Europäischen Politischen Zusammenarbeit (EPZ) und ab 1973 mit dem Beitritt zu den Vereinten Nationen –, die es ihr fortan unmöglich machte, den Nahost-Konflikt praktisch nur im bilateralen Rahmen abzuhandeln.

Bei seinem Antrittsbesuch im Auswärtigen Amt am 16. August 1971 konfrontierte der neue Botschafter Libyens in der Bundesrepublik, Jalal Mohamed Daghely – ein Offizier, der sich das erste Mal auf diplomatischem Posten befand –, Staatssekretär Sigismund Freiherr von Braun mit einem regelrechten Fragenkatalog: Was verstehe die Bundesregierung unter ihren „besonderen Beziehungen" zu Israel? Wie verhalte sie sich zur Resolution des Sicherheitsrats der Vereinten Nationen vom 22. November 1967[35]? Was habe es mit dem Nahost-Papier der EG-Mitgliedstaaten auf sich? Wie werde das Thema der palästinensischen Flüchtlinge gesehen[36]? Die Fragen des etwas ungeschickt und zuweilen grob agierenden Botschafters, der aber als eigentlich gutwillig eingeschätzt wurde, deckten schonungslos die Dilemmata auf, in denen die Nahost-Politik der Bundesrepublik steckte.

In den Unterlagen des Auswärtigen Amts zur Vorbereitung des ersten Besuchs von Botschafter Daghely bei Außenminister Scheel am 27. August 1971 wurde betont, dass die amtierende Bundesregierung von einem „besonderen Charakter" ausgehe, „den unser Verhältnis zu Israel durch das hat, was im deutschen Namen den Juden angetan wurde". Es handele sich um einen „Begriff moralischer Qualität", der nicht im Widerspruch zur

---

[35] Die Resolution 242 des VN-Sicherheitsrats beinhaltete die Forderung nach dem Rückzug der israelischen Truppen aus den Gebieten, die während des Sechs-Tage-Kriegs im Juni 1967 eingenommen worden waren. Zudem ging es um die Achtung und Anerkennung der Souveränität, der territorialen Unversehrtheit und der politischen Unabhängigkeit eines jeden Staates in der Region sowie seines Rechts, innerhalb sicherer und anerkannter Grenzen frei von Gewalt in Frieden zu leben.
[36] PA/AA, B 150, Aufzeichnung von Staatssekretär Sigismund Freiherr von Braun vom 16.8.1971.

angestrebten Ausgewogenheit bundesdeutscher Nahost-Politik stehe[37]. In der Tat war die Regierung aus SPD und FDP um mehr Ausgewogenheit in ihren Beziehungen zu den arabischen Staaten auf der einen und zu Israel auf der anderen Seite bemüht, um den außenpolitischen Handlungsspielraum zu erweitern. Das bedeutete letztlich eine Positionsverschiebung zugunsten der arabischen Seite, für die die Bundesrepublik vor 1970 als Verbündeter Israels galt. Für diese Perzeption sprachen die umfangreichen Wiedergutmachungsleistungen, die Wirtschaftshilfe, Waffenlieferungen, die Aufnahme der diplomatischen Beziehungen 1965 sowie die mehr oder weniger unverhohlene Sympathie für Israel während des Sechs-Tage-Kriegs.

Unproblematisch war die westdeutsche Haltung, die Israel bevorzugte, schon seit längerem nicht mehr. Die Geländegewinne der DDR in einzelnen arabischen Staaten waren mittlerweile zu groß, und die wirtschaftliche Abhängigkeit der Bundesrepublik von OPEC-Mitgliedern wie Libyen und Saudi-Arabien hatte zugenommen. Deshalb teilten sich die beiden Protagonisten der sozial-liberalen Koalition in gewisser Weise die Arbeit. Während Scheel den stärker pro-arabischen Standpunkt der Bundesregierung verkörperte, stand Brandt für ein weiterhin enges Verhältnis zu Israel. Dies zeigte sich etwa daran, dass Scheel in der Regel von der Normalisierung der deutsch-israelischen Beziehungen sprach, während Brandt wiederholt ihren speziellen Charakter hervorhob[38]. Entscheidend war freilich nicht diese Begrifflichkeit, denn natürlich blieben die Beziehungen der Bundesrepublik zu Israel aus historischen wie moralischen Motiven von besonderer Art und Wichtigkeit, selbst wenn sie sich im formalen Ablauf und diplomatischen Verkehr normalisierten. Es ließ sich aber nicht übersehen, dass die arabischen Belange von der Regierung Brandt/Scheel stärker berücksichtigt wurden als früher. Folglich hätte Botschafter Daghely einigermaßen zufrieden sein können. Er musste allerdings auch erkennen, dass die Bundesrepublik in der EG der erste Fürsprecher der Israelis blieb, was sich beispielsweise in den Verhandlungen zum Präferenzabkommen vom 29. Juni 1970 oder am Abschluss eines bilateralen Abkommens über Wirtschaftshilfe mit einem Umfang von 140 Millionen DM am 5. November 1971 zeigte[39].

---

[37] PA/AA, B 150, Aufzeichnung des Vortragenden Legationsrats I. Klasse Helmut Redies, Ref. I B 4, vom 25.8.1971.

[38] Zur Nahost-Politik der Regierung Brandt/Scheel vgl. Markus A. Weingardt, Deutsche Israel- und Nahostpolitik. Die Geschichte einer Gratwanderung seit 1949, Frankfurt a.M./New York 2002, S. 197–240.

[39] Zur Wirtschaftshilfe der Bundesrepublik für Israel von Mitte der 1960er bis Anfang der 1970er Jahre vgl. die Aufzeichnung von Ministerialdirektor Otto-Axel Herbst, Abteilung III, vom 25.10.1971, in: AAPD 1971, Dok. 365, S. 1615f.

Die Resolution 242 des Sicherheitsrats der Vereinten Nationen vom 22. November 1967 wurde im Zuge der Vorbereitungen für das Gespräch Scheels mit Daghely als „beste Grundlage einer Friedenslösung" für den Nahen Osten herausgestellt, welche die Bundesregierung voll unterstützen wollte[40]. Aber dem libyschen Botschafter war natürlich hinlänglich bekannt, dass unterschiedliche Textversionen existierten. In der englischen Fassung war vom Rückzug „aus Gebieten" die Rede, im französischen Text wurde dagegen die aus israelischer Sicht härtere Formel „aus den Gebieten" verwendet, die der Forderung nach einem vollkommenen Rückzug aus den 1967 eroberten Gebieten nahe kam[41]. Da genügte kaum der Hinweis, dass sich das Nahost-Papier der EG vom Mai 1971 weder auf den einen noch den anderen Text stütze, was im Übrigen nicht den Tatsachen entsprach.

Dieses Nahost-Arbeitspapier resultierte aus den ersten Versuchen der sechs EG-Mitglieder, ihre Außenpolitik im Rahmen der EPZ zu koordinieren. Das Dokument wurde bei der Konferenz der Außenminister am 13./14. Mai 1971 in Paris verabschiedet und gelangte bald in die Presse, obwohl es nicht zur Veröffentlichung bestimmt war[42]. Unter anderem war im Text von der Unzulässigkeit der Gebietsaneignung durch Krieg die Rede. Israel wurde zum Rückzug aus „den" Gebieten aufgefordert, die es 1967 besetzt hatte. Somit bildete eindeutig die französische Textversion die Basis des Arbeitspapiers. Zudem sah das Papier konkrete Vorschläge zur Lösung des Flüchtlingsproblems vor und ging daher weiter als die Resolution 242. Die eigenständige politische Konzeption der EG-Mitgliedstaaten zeigte sich ferner daran, dass der Status der Stadt Jerusalem thematisiert wurde, für die eine Internationalisierung der Verwaltung „innerhalb der Mauer und anderen heiligen Stätten" in Aussicht genommen wurde.

Nachdem der Inhalt des Nahost-Papiers bekannt geworden war, sah sich die Regierung Brandt/Scheel mit Vorwürfen der israelischen Regierung unter Ministerpräsidentin Golda Meir und Außenminister Abba Eban kon-

---

[40] PA/AA, B 150, Aufzeichnung des Vortragenden Legationsrats I. Klasse Redies vom 25.8.1971.
[41] Für den englischen und französischen Wortlaut der Resolution 242 vgl. United Nations Resolutions. Compiled and Edited by Dusan J. Djonovich. Series II. Resolutions and Decisions of the Security Council. Volume VI: 1966–1967, New York 1989, S. 42f. In der englischen Fassung lautete der umstrittene Passus „withdrawal [...] from territories", in der französischen Fassung „retrait [...] des territoires occupés". Für den deutschen Wortlaut vgl. Europa-Archiv 24 (1969), Dokumente, S. 578f.
[42] Für den Wortlaut des Nahost-Papiers (in Auszügen) vgl. Thomas Bippes, Die Europäische Nahostpolitik, Frankfurt a.M. u.a. 1997, S. 179–183.

frontiert. Offenkundig hatte sich bei den Verhandlungen über das EG-Arbeitspapier Frankreich durchgesetzt, das traditionell die arabische Seite begünstigte. Zwar wollte die Bundesregierung deren Anliegen künftig ebenfalls stärker berücksichtigen, doch nun bemerkte sie, dass ihre Nahost-Politik in eine gefährliche Schieflage zu geraten drohte. Die Libyer hätten das eigentlich positiv vermerken können. Ihre Freude währte aber nur kurz, denn wie Italien und die Niederlande distanzierte sich auch die Bundesregierung schnell vom Nahost-Arbeitspapier der EG. Der Leiter des Presse- und Informationsamts, Staatssekretär Conrad Ahlers, erklärte, für die Bundesrepublik sei die englische Fassung der Resolution 242 maßgeblich.

So verlief dieser Versuch, die Außenpolitik der sechs EG-Mitgliedstaaten zu koordinieren, insgesamt wenig überzeugend. Die Gemeinschaft fiel regelrecht auseinander. Es half nichts mehr, dass in der vorbereitenden Aufzeichnung für den Besuch von Botschafter Daghely bei Außenminister Scheel lapidar formuliert wurde, die Bundesregierung habe dem betreffenden Dokument „zugestimmt"[43]. Das war zu diesem Zeitpunkt schlichtweg nicht mehr glaubwürdig.

Die libysche Seite startete nur wenig später einen Versuchsballon, mit dem sie zwar in Bonn erwartungsgemäß nicht landen konnte, der aber doch aufzeigte, dass die arabische Frage ein „heißes Eisen" blieb. In einer Unterredung mit dem ehemaligen Außenminister Buweisir, der mittlerweile als Informationsminister fungierte, wurde Botschafter Günther Franz Werner mit folgender Frage konfrontiert: „Können Sie Arafat nach Deutschland einladen [...], nur eine halbe Stunde bei Ihrem Bundeskanzler, damit er seinen Standpunkt erklären kann?" Jassir Arafat, der Vorsitzende der PLO und der von Libyen unterstützten palästinensischen Guerillaorganisation „Al-Fatah" als Gast der Bundesregierung? Das war undenkbar, und doch war es bezeichnend, dass Werner notierte, man solle das Ansinnen des Ministers „vielleicht doch nicht ganz" von sich weisen[44].

Dass diese Anfrage in der zweiten November-Hälfte des Jahres 1971 gestellt wurde, war kein Zufall. Vom 29. Oktober bis zum 2. November 1971 hielt sich Arafat zu seinem ersten Besuch in der DDR auf. Ein Jahr zuvor

---

[43] PA/AA, B 150, Aufzeichnung des Vortragenden Legationsrats I. Klasse Redies vom 25.8.1971. Zum Nahost-Papier vgl. Bippes, Nahostpolitik, S. 58–61; Weingardt, Israel- und Nahostpolitik, S. 202–212; Uwe Müllenmeister, Die Nahostpolitik der sozialliberalen Koalition 1969–1982, Frankfurt a.M. u.a. 1988, S. 107ff.
[44] PA/AA, B 36, Ref. I B 4, Bd. 411, Schreiben von Botschafter Werner an Vortragenden Legationsrat I. Klasse Redies vom 23.11.1971 mit Schriftbericht vom selben Tag als Anhang.

hatte ein PLO-Funktionär, als „Journalist" akkreditiert, schon ein Büro in Ost-Berlin einrichten dürfen. Beim Ausbau der Beziehungen zur PLO ließ sich die DDR-Führung von politischen Motiven leiten, ohne radikale Positionen der Palästinenser zu übernehmen. Es ging darum, die eigene Stellung im Nahen Osten zu festigen oder gar auszubauen[45]. Außerdem verbarg sich hinter dieser Politik die Absicht, sich deutlich von der Bundesrepublik abzugrenzen[46]. Die libysche Regierung versuchte geschickt, die beiden deutschen Staaten gegeneinander auszuspielen und selbst den größten Vorteil zu erzielen. Zwar konnte sich die Bundesregierung noch rezeptiv verhalten, doch die Palästinenser-Frage, die zu jener Zeit von ihr fast ausschließlich als Flüchtlingsproblem wahrgenommen wurde, sollte sich jetzt mehr und mehr in den Vordergrund drängen.

3. Islamisierung und kulturelle Beziehungen

Der Nahost-Konflikt war ohne Zweifel eine Frage von weltpolitischer Bedeutung. Dagegen scheint die kulturelle Neuausrichtung, die sich in Libyen von Ende der 1960er bis Mitte der 1970er Jahre vollzog, auf den ersten Blick weniger schwer zu wiegen, obwohl man ihre Bedeutung für das deutschlibysche Verhältnis nicht unterschätzen sollte. In den „Leitsätzen für die auswärtige Kulturpolitik", die das Auswärtige Amt Ende 1970 vorlegte, wurde Kulturpolitik als ein „tragender Pfeiler unserer Außenpolitik" definiert, die der Friedenssicherung und der internationalen Verständigung dienen sollte. Ihre Anpassung an die Erfordernisse einer Welt im Wandel – in gesellschaftlicher Hinsicht und mit Blick auf Wissenschaft und Technik – galt als wichtiger Teil der Reformbemühungen, welche die sozial-liberale Bundesregierung unternahm[47]. Doch hatten diese Ziele angesichts der unter Gaddafi eingeleiteten Islamisierungspolitik überhaupt Aussicht auf Erfolg? Würde die Vermittlung westlicher Wertvorstellungen und eines adäquaten Deutschlandbilds im Rahmen der kulturellen Zusammenarbeit noch möglich sein?

---

[45] Vgl. Hermann Wentker, Außenpolitik in engen Grenzen. Die DDR im internationalen System 1949–1989, München 2007, S. 470f. Im Oktober/November 1971 hielt sich Arafat noch nicht als offizieller Gast in der DDR auf, sondern auf Einladung des Afro-Asiatischen Solidaritätskomitees.
[46] Vgl. Lutz Maeke, Vom Zauber des Anfangs. Die Palästinensische Befreiungsorganisation und die DDR, in: Tribüne 51 (2012) H. 203, S. 155–164, hier S. 161.
[47] Vgl. Leitsätze für die auswärtige Kulturpolitik. Dezember 1970, Bonn 1970, insbesondere S. 5f. und S. 15; das Zitat findet sich auf S. 6.

Hinter der Islamisierungspolitik Gaddafis verbargen sich zahlreiche eng miteinander verflochtene Motive. Anfangs war diese Politik eine Reaktion auf die Verwestlichung des öffentlichen Lebens; sie diente der Abgrenzung von westlichen Kultureinflüssen – im Sinne einer Gegenakkulturation. 1969/70 wurden traditionelle islamische Werte gestärkt und Vorschriften wieder eingeführt, die etwa den Gebrauch des islamischen Kalenders zur Pflicht machten, Alkohol und Glücksspiel verboten und die Benutzung der lateinischen Schrift im öffentlichen Bereich untersagten. Mit der konsequenten Förderung des Islam gingen ein Ausbau der religiösen Infrastruktur und eine Aufwertung der demonstrativen Religionsausübung einher. Diese Bestrebungen zur Wiederherstellung der arabisch-islamischen Identität waren stets auf das engste verknüpft mit Gaddafis Kurs der nationalen Selbstbefreiung in politischer und wirtschaftlicher Hinsicht. Darüber hinaus wurde durch die Zurückweisung von abendländischen Traditionen und Werten die kulturelle Einheit der arabischen Nation postuliert, die als bedeutender Faktor des arabischen Nationalismus galt. Alle Maßnahmen dienten ferner dazu, die politische Führung zu legitimieren, die sich als Vertreterin eines reinen Islam ausgab. Die Bezugnahme auf traditionelle islamische Werte sollte die Solidarität der Bevölkerung mit den neuen Machthabern stärken und damit ihr Herrschaftssystem stabilisieren. Auffällig war von Beginn an, dass die Islamisierung und Kulturkritik nicht etwa von den Trägern der religiösen Institutionen getragen wurden. Vielmehr gab es schon früh Versuche, den Einfluss religiöser Autoritäten zu beschneiden und das Themenfeld Islam durch den RKR zu besetzen[48].

Die Botschaft in Tripolis wertete diese Aktivitäten zusammen mit ihren politischen Implikationen als weitgehende Ablehnung westlicher Kulturströmungen zugunsten einer „nahezu faschistisch anmutenden islamisch-arabischen ideologischen Ausrichtung", die in ihren „Exzessen" bis hin zur Bücherverbrennung reichten. Die Grenzen seien aber dort erreicht, wo es um die Förderung des einheimischen Bildungssektors gehe und wo technisches Know-how von außen nötig sei. Die Absicht, das Land zu entwickeln und zu industrialisieren, schien noch einigen Spielraum für bundesdeutsche Aktivitäten zu eröffnen[49].

---

[48] Zur Re-Islamisierung in Libyen von 1969 bis 1975 vgl. Badry, Entwicklung, S. 187–199; Hanspeter Mattes, Die innere und äußere islamische Mission Libyens. Historisch-politischer Kontext, innere Struktur, regionale Ausprägung am Beispiel Afrikas, Mainz/München 1986, S. 22–62.
[49] PA/AA, AV Tripolis, Bd. 4392, Schriftbericht 145 von Botschafter Werner vom 20.2.1974.

Im Zuge der Bemühungen um die Re-Islamisierung erging ein Beschluss des RKR, nach dem alle ausländischen Kulturinstitute eine Neulizenzierung beantragen mussten. Ein entsprechendes Ersuchen des Goethe-Instituts für seine Zweigstelle in Tripolis wurde zwar nicht abgelehnt, die Lizenz erstreckte sich aber nur auf die Erteilung von Sprachunterricht, wobei das Institut unter der Aufsicht des Ministeriums für Erziehung und Nationale Führung stehen sollte[50]. Damit aber wäre das Goethe-Institut auf den Status einer privaten Sprachschule herabgestuft worden, und gerade diese zu erwartende „weitgehende Reduktion kulturpolitischer Wirksamkeit" veranlasste die Zentralverwaltung, sich für die Schließung der Zweigstelle in Tripolis auszusprechen. Das Auswärtige Amt hielt diese Vorgehensweise nicht für adäquat, denn aus politischer Sicht erschien eine Schließung des Goethe-Instituts verfrüht[51]. Die Botschaft in Tripolis versuchte, eine Ersatzlösung zu finden, etwa durch die Entsendung eines Sprachlehrers oder ein ehrenamtliches Engagement des Leiters der Deutschen Schule, denn sie stellte das „elementare libysche Interesse" fest, den Deutsch-Unterricht vor Ort durchführen zu können. Grundsätzlich unterstellte die Botschaft ein beträchtliches Interesse der libyschen Regierung an der Ausbildung von Fachkräften in der Bundesrepublik. Voraussetzung dafür war aber das Erlernen der deutschen Sprache, und das möglichst bereits in der Heimat[52].

Nachdem Gaddafi am 15. April 1973 in Zuwara die „Volksrevolution" angekündigt hatte, deren Auswirkungen bis tief in das gesamte Erziehungswesen reichten[53], forcierte die Zentralverwaltung des Goethe-Instituts die Schließung der Zweigstelle erst recht. Dagegen vertrat die Botschaft in Tripolis die Ansicht, dass sich die Lage durch die Kulturrevolution nicht geändert habe. Sprachkurse stellten eine der wenigen verbliebenen Möglichkeiten dar, in Libyen überhaupt noch kulturpolitisch aktiv zu werden[54]. Doch es half nichts: Anfang Oktober 1973 wurde die Dependance abgewickelt.

---

[50] PA/AA, B 36, Ref. I B 4, Bd. 412, Verbalnote des libyschen Ministeriums für Einheit und Auswärtige Angelegenheiten vom 24.6.1971.
[51] PA/AA, B 36, Ref. I B 4, Bd. 412, Mitteilung des Referats IV 10 an Referat I B 4 vom 22.7.1971 und Antwort des Vortragenden Legationsrats I. Klasse Redies vom 3.8.1971.
[52] PA/AA, AV Tripolis, Bd. 4395, Schriftbericht 461 von Botschafter Werner vom 17.5.1972.
[53] PA/AA, B 36, Ref. 310, Bd. 104834, Schriftbericht 438 von Botschafter Werner vom 6.6.1973.
[54] PA/AA, B 36, Ref. 310, Bd. 104843, Schriftbericht 551 von Botschaftsrat Müller-Chorus vom 25.7.1973.

Eine unheilvolle Kombination führte am Schluss zu einem schlechten Ergebnis: ein Land, das den westlichen Einfluss um nahezu jeden Preis zurückzudrängen bemüht war, die Verwaltung eines Kulturinstituts, die, trotz sicherlich berechtigter Einwände, die politischen Implikationen dieser Frage nicht vollständig erkannte, die bundesdeutsche Botschaft in Tripolis, die vom Auswärtigen Amt nicht genug Rückendeckung erhielt. Das Resultat lautete: Kulturelle Beziehungen zwischen der Bundesrepublik und Libyen waren kaum mehr vorhanden, die Möglichkeiten, westliche Werte zu vermitteln, stark begrenzt. Dagegen war die Kulturpolitik Frankreichs um einiges erfolgreicher, denn während das Goethe-Institut, der *British Council* und der *United States Information Service* ihre Zweigstellen in Libyen schlossen, vervierfachte sich im *Centre Culturel Français* in Tripolis die Zahl der Sprachschüler. Darüber hinaus lernten etwa 10.000 Kinder Französisch an libyschen Oberschulen, auch wenn Englisch dort weiterhin Priorität besaß[55].

Die einseitig geisteswissenschaftliche Ausrichtung des französischen Kulturprogramms vernachlässigte allerdings das für Libyen besonders wichtige Feld von Wissenschaft und Technologie. Hier konnte die Bundesrepublik wenigstens punktuell Erfolge erzielen. So hielten sich 1975 rund 200 Öltechniker und 150 Mediziner auf libysche Kosten zur Fortbildung in Westdeutschland auf[56]. Diese Personen – mit gehobener Bildung und mit Studium oder Berufsausbildung in der Bundesrepublik – waren am ehesten für kulturpolitische Aktivitäten empfänglich und potentiell als wertvolle Vermittler geeignet. Kulturarbeit war für die westdeutsche Seite folglich noch dort möglich, wo Libyen glaubte, von der Übertragung wissenschaftlichen und technischen Know-hows profitieren zu können. Eine günstigere Ausgangslage hatte sich die Bundesrepublik selbst verbaut.

An dieser unbefriedigenden Situation änderte sich für die Bundesrepublik auch seit Mitte der 1970er Jahre nichts Wesentliches, als sich in Libyen mehr und mehr ein De-facto-Säkularismus entwickelte. Die Bedeutung der Religion bestand fortan allein in ihrem Bezug zu Ethik und Moral als Voraussetzung für eine funktionierende Gesellschaft; der Islam wurde so zu einer *religion privée* herabgestuft. 1975 setzte eine scharfe Kampagne gegen religiöse Autoritäten ein, die zur Trennung der religiösen von den politischen, ökonomischen und gesellschaftlichen Fragen führte. So durften Imame

---

[55] PA/AA, AV Tripolis, Bd. 4392, Schriftbericht 367 von Botschafter Werner vom 23. 4. 1974.
[56] PA/AA, AV Tripolis, Bd. 4392, Schriftbericht 80 von Botschaftsrat Wolf-Dietrich Schilling, Tripolis, vom 26. 1. 1976.

nur noch außerweltliche Angelegenheiten behandeln. Dies alles bedeutete nicht Areligiosität oder gar Atheismus. Diese Politik zeigte aber deutlich, dass Gaddafi von einer Re-Islamisierung, wie sie Ayatollah Khomeini seit 1979 im Iran betrieb, weit entfernt war. Das Ziel, die traditionellen religiösen Kräfte zu schwächen und sie ihres politischen Einflusses zu berauben, demonstrierte, worum es Gaddafi eigentlich ging: nicht um den Koran, sondern um die eigene Position. Vorrangig waren stets Machtsicherung und Machterweiterung. Deshalb war und ist es auch falsch, Gaddafi als religiösen Fundamentalisten zu beschreiben und anzunehmen, er habe radikale Richtungen des Islam besonders intensiv gefördert. Das Gegenteil ist der Fall. Die Muslimbrüder etwa strebten nach einer Monopolisierung administrativer und militärischer Funktionen in den Händen religiöser Würdenträger und bekämpften den arabischen Nationalismus und Sozialismus. Ihre Ziele waren mit denjenigen Gaddafis nicht vereinbar, und so wurden in Libyen schon bald Anhänger der Muslimbruderschaft verhaftet[57].

Nach außen hin sah es die politische Führung Libyens als Pflicht an, den islamischen Glauben zu fördern. Das Wirkungsfeld der Muslime in aller Welt sollte personell, finanziell und materiell erweitert und religiöse Infrastruktur gestärkt werden, vor allem Kulturzentren und Moscheen als Keimzellen weiterer religiöser Aktivitäten. Diese islamische Mission erfolgte allerdings nicht in erster Linie aus religiösen, sondern vielmehr aus politischen Beweggründen. Gaddafi instrumentalisierte den Islam, um seine eigenen politischen Ziele durchzusetzen. Dies gilt insbesondere für die Ausdehnung des libyschen Einflusses im afrikanischen Raum, die das Gaddafi-Regime phasenweise mit sehr großem Erfolg betrieb. Gaddafis Interventionen führten beispielsweise dazu, dass bis 1973/74 zahlreiche afrikanische Staaten ihre diplomatischen Kontakte zu Israel abbrachen[58]. Die Bundesrepublik und Westeuropa standen erwartungsgemäß nicht im Zentrum der libyschen Politik, auch wenn sich bestimmte Aktivitäten bis hierher auswirkten. Die Botschaft Libyens in Bonn etwa betreute Moscheen im gesamten Bundesgebiet und unterstützte sie mit finanziellen Mitteln[59].

---

[57] Zur „religiösen Revolution" in Libyen seit 1975 und zum Verhältnis Gaddafis zur Muslimbruderschaft vgl. Badry, Entwicklung, S. 200–208 und S. 290–301; Mattes, Mission, S. 63–67 und S. 72–78.
[58] Vgl. ebenda, S. 83–192. Ferner PA/AA, AV Tripolis, Bd. 4392, Schriftbericht 135 von Botschafter Werner vom 13.2.1977, hier der Abschnitt über die „auswärtigen Kulturbeziehungen Libyens".
[59] PA/AA, AV Tripolis, Bd. 4392, Schriftbericht 80 von Botschaftsrat Schilling vom 26.1.1976.

Wie viel Erfolg den libyschen Bemühungen in der Bundesrepublik beschieden war, lässt sich nur schwer sagen. Eines ist allerdings sicher: Die größte Wirkung erzielte Gaddafi mit dem Entschluss, den Weiterbau der Moschee in München-Freimann zu finanzieren – aber in einer Weise, die er unter gar keinen Umständen beabsichtigt hatte. Die Errichtung der ersten Moschee in Bayern – fünf weitere gab es zu diesem Zeitpunkt in anderen Teilen der Republik – hat eine längere Vorgeschichte, die bis in die ersten Nachkriegsjahre zurückreicht. In den Westzonen, und hier gerade in Bayern, hielten sich damals viele muslimische Flüchtlinge auf, die vor allem aus der UdSSR stammten. Sie gerieten schnell in das Blickfeld der amerikanischen Besatzungsmacht, die sie gegen die andere Weltmacht in Stellung zu bringen suchte. Nachdem die Bundesrepublik im Mai 1955 ihre Souveränität weitgehend wiedergewonnen hatte, avancierte das Bundesministerium für Vertriebene, Flüchtlinge und Kriegsgeschädigte zum Träger einer Politik mit dem Ziel, die Muslime der kommunistischen Propaganda zu entziehen, sie für die Auseinandersetzung mit dem Kommunismus zu gewinnen und im Übrigen den Zugriff der USA auf diese Bevölkerungsgruppe einzugrenzen.

Unter den Muslimen entstand der Plan, eine Moschee in München zu bauen. Den Vorsitz einer „Moscheebau-Kommission" übernahm im März 1960 der Ägypter Said Ramadan, der Schwiegersohn des Begründers der Muslimbruderschaft, Hassan al-Banna. Die Grundsteinlegung im Münchner Stadtteil Freimann erfolgte im Oktober 1967. Das Bauvorhaben geriet jedoch wegen finanzieller Engpässe ins Stocken. Auch die Muslimbrüder verloren zwischenzeitlich ihr Interesse. Im Mai 1968 legte Ramadan, der in Genf lebte, den Vorsitz der „Islamischen Gemeinschaft in Süddeutschland" nieder, wie die Kommission seit Februar 1963 hieß. In dieser Lage konnte Gaddafi als Mäzen gewonnen werden, der zu den Gesamtkosten von etwa drei Millionen DM mehr als die Hälfte beisteuerte, so dass die Moschee im August 1973 feierlich eingeweiht werden konnte. Doch bereits Ende 1973 übernahm erneut ein Muslimbruder, der Syrer Ghaleb Himmat, die Führung der Gemeinschaft, die sich 1982 in „Islamische Gemeinschaft in Deutschland" umbenannte. Himmat behielt diese Position bis 2002. Das Islamische Zentrum München entwickelte sich zu einem der bedeutendsten Anlaufpunkte in Europa für islamische Fundamentalisten aus der ganzen Welt. Es steht unter dauernder Beobachtung des Verfassungsschutzes[60]. Die Instru-

---

[60] Vgl. Verfassungsschutzbericht 2010, hrsg. vom Bayerischen Staatsministerium des Innern, München 2011, S. 67f.

4. Der Anschlag auf die israelische Olympia-Mannschaft 1972

Hatte Botschafter Turnwald im Frühjahr 1970 noch ein recht kritisches Bild der inneren Lage in Libyen nach dem Militärputsch gezeichnet, so musste sein Nachfolger Anfang 1972 anerkennen, dass sich die Situation „sichtlich konsolidiert" hatte. Botschafter Werner vermerkte positiv, dass Gaddafi „Milde und Vernunft" bei der Abrechnung mit den Gegnern von früher hatte erkennen lassen. Man könne sagen, dass er eine durchaus maßvolle „Form der ‚Ent-Idrisierung' und Vergangenheitsbewältigung" gewählt habe. Ferner schien in Libyen mittlerweile die wirtschaftliche Stagnation überwunden zu sein. Die Regierung vergab staatliche Aufträge zum Ausbau von Industrie und Landwirtschaft in einem solchen Umfang, dass die Pro-Kopf-Investitionsrate Libyens „in der Dritten Welt ihresgleichen sucht[e]"[62]. Zum vollständigen Bild zählte aber auch eine reorganisierte Geheimpolizei, die sich „personell immer stärker aufbläht[e]" und „in alle Lebensbereiche hineinwuchert[e]". Wie die Armee, und hier in erster Linie das Offizierkorps, bildete sie eine entscheidende Stütze des Regimes. Botschafter Werner kam nicht umsonst zu dem Fazit, dass organisierte oppositionelle Gruppen nicht mehr existieren[63].

Ein außenpolitisches Hauptziel Gaddafis war lange der Zusammenschluss mehrerer arabischer Staaten. Die angestrebte Föderation mit Ägypten und Syrien, für die am 20. August 1971 in Damaskus sogar eine Verfassung angenommen wurde und die in Volksabstimmungen in allen drei beteiligten Staaten am 1. September 1971 eine breite Mehrheit fand, konnte aber nie umgesetzt werden. Auch der Alleingang Sadats und Gaddafis, die am 2. August 1972 ein einheitliches Führungsgremium für Ägypten und Libyen in Aussicht stellten[64], verdeckte die politischen Differenzen nur kurzzeitig, die durch persönliche Antipathien noch vermehrt wurden. Gaddafis „Marathonmarsch"

---

[61] Vgl. Stefan Meining, Eine Moschee in Deutschland. Nazis, Geheimdienste und der Aufstieg des politischen Islam im Westen, München 2011; Ian Johnson, Die vierte Moschee. Nazis, CIA und der islamische Fundamentalismus, Stuttgart 2011.
[62] PA/AA, B 36, Ref. I B 4, Bd. 522, Schriftbericht 136 von Botschafter Werner vom 9.2.1972.
[63] PA/AA, B 36, Ref. 310, Bd. 104834, Schriftbericht 326 von Botschafter Werner vom 11.4.1973.
[64] PA/AA, B 36, Ref. I B 4, Bd. 523, Fernschreiben 668 von Botschaftsrat Wilfried Vogeler, Kairo, vom 3.8.1972.

durch alle ägyptischen Institutionen im Juni/Juli 1973 blieb erfolglos. Die Widerstände gegen einen Zusammenschluss der beiden Staaten ließen sich nicht brechen, so dass Gaddafi schließlich lächerlich wirkte. Zwar wurde am 29. August 1973 eine Vereinbarung unterzeichnet, doch die geplante staatliche Vereinigung trat mit dem Ausbruch des vierten Nahost-Kriegs am 6. Oktober 1973 schnell wieder in den Hintergrund[65]. Die arabische Einheit – ein ehrgeiziges Vorhaben, das Gaddafi bis dahin ernsthaft und selbst um den Preis von Politkomödien verfolgt hatte – blieb ein Traum. Seine bedingungslose Hinwendung zu Ägypten schlug in tiefen Hass um. Die Feindschaft gipfelte im Juni/Juli 1977 in militärischen Zusammenstößen an der gemeinsamen Grenze, wobei als Aggressor in diesem Fall Ägypten auszumachen war[66].

Die Beziehungen der Bundesrepublik zu Libyen verliefen 1972 unspektakulär, bis sie durch das Attentat auf die israelische Mannschaft bei den Olympischen Spielen in München am 5. September durch die palästinensische Organisation „Schwarzer September" plötzlich in das Blickfeld der politisch Verantwortlichen und der Öffentlichkeit rückten. Der Anschlag endete mit einer großen menschlichen Tragödie, aber auch mit einem Debakel für die westdeutschen Sicherheitsbehörden. Bei dem vollkommen missglückten Versuch, die Geiseln auf dem Flugplatz von Fürstenfeldbruck zu befreien, starben in der Nacht zum 6. September neun Angehörige der israelischen Mannschaft und ein Polizeibeamter, ferner fünf der acht Attentäter. Im Olympischen Dorf waren zuvor bereits ein israelischer Trainer und ein Sportler ermordet worden[67].

„Wer sind die Schuldigen dieser Untat? Im Vordergrund ist es eine verbrecherische Organisation [...]. Verantwortung tragen aber auch jene Länder, die diese Menschen nicht an ihrem Tun hindern."[68] Diese Feststel-

---

[65] PA/AA, B 36, Ref. 311, Bd. 108812, Schriftbericht 724 der Botschaft in Kairo vom 23.4.1975.
[66] PA/AA, B 36, Ref. 311, Bd. 119932, Fernschreiben 274 von Botschafter Oskar Maria Neubert, Tripolis, vom 23.7.1977.
[67] Vgl. Matthias Dahlke, Der Anschlag auf Olympia '72. Die politischen Reaktionen auf den internationalen Terrorismus in Deutschland, München 2006, und Matthias Dahlke, Demokratischer Staat und transnationaler Terrorismus. Drei Wege zur Unnachgiebigkeit in Westeuropa 1972–1975, München 2011, S. 57–128, sowie Eva Oberloskamp, Das Olympia-Attentat 1972. Politische Lernprozesse im Umgang mit dem transnationalen Terrorismus, in: VfZ 60 (2012), S. 321–352.
[68] Ansprache des Bundespräsidenten am 6.9.1972, in: Gustav W. Heinemann. Reden und Interviews (IV). 1.7.1972–30.6.1973, hrsg. vom Presse- und Informationsamt der Bundesregierung, Bonn 1973, S. 30.

lung von Bundespräsident Heinemann bei seiner Trauerrede im Münchner Olympiastadion war angemessen. Sie hätte allerdings präziser ausfallen können, denn es ging nicht nur darum, jemanden an etwas zu hindern, sondern vor allem auch darum, andere bei solchen Gewalttaten nicht aktiv zu unterstützen. In den konkreten Verdacht direkter Hilfe für die terroristische Organisation „Schwarzer September" geriet Libyen damals zwar noch nicht, aber nach und nach wurde erkennbar, wie tief das Land in den Anschlag verwickelt war. So hatten die acht Attentäter, die der palästinensische Terrorist Mohammed Daoud Oudeh (Abu Daoud) rekrutiert hatte, eine Ausbildung in libyschen Camps durchlaufen[69]. Allein auf diese Weise unterstützte Gaddafi das Attentat moralisch, materiell und finanziell. Die Vermutung, dass er den 1970/71 gegründeten und von Jassir Arafats „Al-Fatah" geführten „Schwarzen September" generell förderte, liegt nahe.

Anzeichen für eine wie auch immer geartete libysche Beteiligung an dem Anschlag gab es von Anfang an. So war es bereits auffällig, dass die fünf getöteten Attentäter eine Woche später in Libyen ein Heldenbegräbnis erhielten. Botschafter Werner berichtete am 13. September 1972 aus Tripolis, die private Zeitung „Al-Balag" zeige Fotos der „Fedayins" mit Schuss- und Obduktionsverletzungen. Auch angesichts der Ressentiments in der muslimischen Welt gegenüber Obduktionen waren die Bilder der entstellten Leichen geeignet, „beim Betrachter Emotionen zu wecken"[70]. Die antiwestliche Stimmung wurde auf diese Weise kräftig geschürt.

Um die Öffentlichkeit zu beruhigen, Handlungsfähigkeit zu beweisen und weitere Anschläge palästinensischer Gruppen in der Bundesrepublik zu verhindern, ergriff die Bundesregierung im Zusammenwirken mit den Bundesländern eine Reihe von Sicherheitsmaßnahmen. Dazu zählte erstens, mit Bezug auf das Vereinsgesetz, das Verbot der palästinensischen Organisationen General-Union Palästinensischer Studenten und General-Union Palästinensischer Arbeiter. Zweitens wurden die Grenzkontrollen gegenüber Angehörigen arabischer Staaten verschärft. Drittens sollten Araber, gegen die „Ausweisungsgründe" vorlagen oder die sich illegal in der Bundesrepublik aufhielten, unverzüglich abgeschoben werden. Viertens wurde der Sichtvermerkszwang für libysche, marokkanische und tunesische Staatsangehörige eingeführt[71],

---

[69] Vgl. Simon Reeve, Ein Tag im September. Die Geschichte des Geiseldramas bei den Olympischen Spielen in München 1972, München 2006, S. 75f.
[70] PA/AA, B 83, Ref. 511, Bd. 822, Fernschreiben 211 von Botschafter Werner vom 13.9. 1972.
[71] PA/AA, B 83, Ref. 511, Bd. 822, Runderlass an alle diplomatischen Vertretungen der Bundesrepublik vom 13.10.1972.

der bereits für die übrigen Mitglieder der Arabischen Liga galt[72]. Dies wurde in Tripolis, Rabat und Tunis als besonderer Affront betrachtet, und das Maßnahmenpaket in seiner Gesamtheit wirkte in der arabischen Welt wie ein feindseliges Fanal.

Gaddafi, Sadat und der syrische Präsident Hafez al-Assad reagierten, offensichtlich vor allem unter dem Druck palästinensischer Gruppen, rasch mit der Ankündigung von Gegenaktionen[73]. Diese Warnungen mussten ernst genommen werden, zumal den Worten erste Taten folgten. So erteilte Libyen, wie auch Algerien, für Bundesbürger keine Einreisevisa mehr. Im Gespräch mit Botschafter Werner am 14. Oktober 1972 forderte Ministerpräsident Jalloud ultimativ zum 21. Oktober das Ende aller Maßnahmen gegen die Bürger arabischer Staaten. Entgegen seiner in der Regel aggressiven Art gab sich Jalloud geradezu liebenswürdig, was Werner als Ausdruck echter Besorgnis über das Verhältnis der Bundesrepublik zur arabischen Staatenwelt insgesamt und über die bilateralen Wirtschaftsbeziehungen deutete[74]. Da „niemand außer Libyen" zu spektakulären Handlungen fähig schien und Gefahren für die eigenen Interessen im Bereich der Ölindustrie drohten, warnte der Botschafter nachdrücklich vor einer weiteren Eskalation[75]. Doch wie wahrscheinlich waren durchgreifende Retorsionen seitens der libyschen Führung? Fest steht, dass deren Sorgen keinesfalls vorgetäuscht wurden. Wie der Botschafter aus zuverlässiger Quelle erfuhr, fürchteten Regierungskreise wirklich, die Westdeutschen könnten als Partner der arabischen Welt aus fallen und sich noch stärker Israel zuwenden[76]. Die libysche Führung musste daher an einer Mäßigung interessiert sein. Dennoch konnten Gegenmaßnahmen nicht mit Sicherheit ausgeschlossen werden, weil sich Libyen in dieser Angelegenheit als Sprecher der arabischen Welt profilierte und sein eben erst gewonnenes Prestige nicht sogleich wieder opfern konnte und wollte.

Die Bundesregierung gab in dieser spannungsgeladenen Situation zuerst nach, was in gewisser Weise demonstrierte, dass sie ihre Sicherheitsvorkeh-

---

[72] Vgl. die Anlage zur Verordnung zur Durchführung des Ausländergesetzes in der Fassung vom 12.3.1969, in: BGBl., Teil I, Nr. 22 vom 15.3.1969, S. 211, sowie die Fünfte Verordnung zur Änderung der Verordnung zur Durchführung des Ausländergesetzes vom 13.9.1972, in: BGBl., Teil I, Nr. 100 vom 14.9.1972, S. 1743.
[73] Vgl. das Fernschreiben 922 von Botschafter Hans Georg Steltzer, Kairo, vom 9.10.1972, in: Akten zur Auswärtigen Politik der Bundesrepublik Deutschland 1972, bearb. von Mechthild Lindemann, Daniela Taschler und Fabian Hilfrich, München 2003, Dok. 318, S. 1476–1482.
[74] PA/AA, B 150, Fernschreiben 278 von Botschafter Werner vom 14.10.1972.
[75] PA/AA, B 150, Fernschreiben 281 von Botschafter Werner vom 16.10.1972.
[76] PA/AA, B 150, Fernschreiben 289 von Botschafter Werner vom 17.10.1972.

rungen im Oktober 1972 zwar nicht grundlos, aber doch übereilt und nicht immer nach sicherheitspolitisch relevanten Kriterien getroffen hatte. Ihr Einlenken zeigte überdies zweierlei: die Abhängigkeit der Bundesrepublik vom libyschen Erdöl sowie die Tatsache, dass sie es sich politisch nicht leisten konnte, die arabischen Staaten herauszufordern, die wie ein mächtiger Block wirkten. Botschafter Werner wurde angewiesen, im anstehenden Gespräch mit Jalloud darauf aufmerksam zu machen, dass von den Ausweisungen nur ein kleiner Personenkreis betroffen sei und bei der Visa-Erteilung „schrittweise eine Normalisierung der Lage" angestrebt werde[77]. Das Gespräch fand an dem Tag statt, an dem das libysche Ultimatum ablief. Jalloud bewertete die Erläuterungen als nicht befriedigend, ließ aber nicht erkennen, welche Haltung die libysche Seite in Zukunft einnehmen werde. Werner plädierte deshalb für eine offizielle Erklärung, um dem „Vorwurf der rassischen Diskriminierung" den Boden zu entziehen[78]. Das Auswärtige Amt bediente sich allerdings anderer Möglichkeiten, um in dieser Frage voranzukommen. So sollte der Mitbegründer der Firma Merex AG, der Exportkaufmann Gerhard Georg Mertins, gegen den später der Vorwurf illegalen Waffenhandels erhoben wurde, bei seinem Aufenthalt in den Hauptstädten Kairo und Tripolis unterstreichen, dass die Bundesregierung über die „völlige arabische Passivität" bei der Abwehr von eventuellen weiteren Anschlägen enttäuscht sei[79].

Die Welle der Empörung in der arabischen Welt ebbte gerade ab, als ein neuer Anschlag gemeldet wurde. Am 29. Oktober 1972 entführten zwei Palästinenser eine Maschine der Lufthansa auf dem Flug von Damaskus über Beirut, Ankara und München nach Frankfurt. Ziel der Entführung war die Freilassung der drei Geiselnehmer, die die Befreiungsaktion in Fürstenfeldbruck überlebt hatten. Die Bundesregierung und die bayerische Staatsregierung ließen sich erpressen. Die Inhaftierten wurden zuerst zum Flugplatz München-Riem gebracht, bis sie infolge einer neuen Forderung nach Zagreb ausgeflogen werden mussten, wo die entführte Maschine inzwischen gelandet war. Am Abend des 29. Oktober fand diese Entführung in Tripolis ein unblutiges Ende. Alle Geiseln konnten das Flugzeug unversehrt verlassen[80].

---

[77] PA/AA, B 150, Weisung 134 von Ministerialdirigent Kurt Müller, Unterabteilung 30, an die Botschaft in Tripolis vom 17.10.1972.
[78] PA/AA, B 150, Fernschreiben 297 von Botschafter Werner vom 23.10.1972.
[79] PA/AA, B 150, Weisung 136 des Vortragenden Legationsrats I. Klasse Redies, Ref. 310 (zuvor Ref. I B 4), an Botschafter Werner vom 24.10.1972.
[80] Zu den Ereignissen in Zagreb vgl. das Fernschreiben 492 von Botschafter Joachim Jaenicke, Belgrad, vom 2.11.1972, in: AAPD 1972, Dok. 356, S. 1635–1638.

Mit Entsetzen reagierte die israelische Regierung. Für sie stand fest, dass die bundesdeutsche Seite „Mörder [...] auf freien Fuß gesetzt" hatte[81]. Ein mögliches Auslieferungsgesuch betrieb die Bundesregierung in den folgenden Wochen trotzdem nicht. In ihrem Gespräch mit dem libyschen Botschafter Daghely am 31. Oktober 1972 verwiesen Staatssekretär Paul Frank und Ministerialdirigent Walter Jesser darauf, dass die Bundesregierung auf die Strafverfolgung der Attentäter von München „verzichtet" habe. Daraufhin wandte sich das Gespräch den Flugzeugentführern zu. Frank und Jesser sprachen vom Druck der öffentlichen Meinung, deren Bestrafung sicherzustellen. Der Botschafter antwortete unverfroren, dass es sich um eine „rein politische", nicht um eine strafrechtlich relevante Tat gehandelt habe. Er äußerte die Erwartung, dass den beiden Entführern in Libyen politisches Asyl gewährt werde. Wie auch immer: Für Frank war mit dem Austausch in Zagreb beziehungsweise Tripolis „das Kapitel München abgeschlossen"[82].

Der Bundesregierung schien in der Tat daran gelegen zu sein, einen Schlussstrich unter das Attentat zu ziehen und damit nicht mehr in Verbindung gebracht zu werden. Diese Haltung versuchte der bayerische Justizminister und stellvertretende Ministerpräsident Philipp Held (CSU) zu unterlaufen. Welche Motive ihn beziehungsweise die bayerische Staatsregierung leiteten, muss an dieser Stelle offen bleiben. Die Frage, ob es wirklich um formal-rechtliche Gründe ging oder vielmehr darum, eine Attacke auf die Regierung von SPD und FDP zu führen, ist hier nicht zu beantworten. Mit Schreiben vom 9. November an den Bundesminister der Justiz, Gerhard Jahn (SPD), bat Held darum, die libyschen Behörden um Auslieferung der drei noch lebenden Attentäter von München zu ersuchen. Zwar bestehe kein Auslieferungsabkommen zwischen der Bundesrepublik und Libyen, und es erscheine sicherlich zweifelhaft, ob das Land dem Begehren entsprechen werde, aber das Vertrauen in die eigene Rechtsordnung werde erschüttert, sollte diese Möglichkeit gar nicht erst in Betracht gezogen werden[83].

Gemeinsam wehrten das Bundesjustizministerium und das Auswärtige Amt den Vorstoß ab. Sie argumentierten, für ein Ersuchen um Auslieferung sei die erste Bedingung, dass sich die drei Gesuchten überhaupt noch in Libyen aufhielten. Auch sei die Frage ihrer Staatsangehörigkeit ungeklärt.

---

[81] Zur Reaktion in Israel vgl. das Fernschreiben 474 von Botschafter Jesco von Puttkamer, Tel Aviv, an Staatssekretär Paul Frank vom 30.10.1972, in: ebenda, Dok. 352, S. 1615 ff., hier S. 1615.
[82] PA/AA, B 36, Ref. I B 4 bzw. 310, Bd. 522, Aufzeichnung des Referats 310 vom 31.10.1972.
[83] PA/AA, B 83, Ref. 511, Bd. 822, Schreiben Helds an Jahn vom 9.11.1972.

Ferner stelle sich die Frage, ob die Straftaten als politisch motiviert angesehen würden – und davon müsse man ausgehen[84]. Über den Aufenthaltsort der Palästinenser war tatsächlich nichts bekannt. Botschafter Werner in Tripolis ließ die Zentrale wissen, die drei Freigelassenen seien seit ihrer Vorführung vor ein britisches Fernsehteam „nicht mehr in Erscheinung getreten". Über ihre Staatsangehörigkeit konnte er keine Angaben machen[85]. Alles in allem hielt Staatssekretär Frank einen Auslieferungsantrag für „absurd". Sämtliche Betroffenen sollten froh sein, dass sich die Angelegenheit „hinreichend beruhigt" habe[86].

Ein Auslieferungsantrag schien also ohne jede Aussicht auf Erfolg zu sein und barg die Gefahr, das deutsch-libysche Verhältnis unnötig zu belasten. Die Bundesregierung traf daher am 21. November 1972 die endgültige Entscheidung, davon Abstand zu nehmen. Die „eigentliche Frage" lautete jetzt nur noch, wie gegenüber der bayerischen Staatsregierung argumentiert werden könnte, die auf das Ziel der Bundesregierung hingewiesen werden sollte, „eine internationale Verurteilung von Terrorismus und Luftpiraterie zu erwirken"[87]. Am 21. Dezember 1972 trafen die Minister Jahn und Genscher mit Held und dem bayerischen Innenminister Bruno Merk (CSU) in Bonn zusammen, um ein – so die Intention der Bundesvertreter – Abschlussgespräch zu führen. Tatsächlich war der Widerstand der bayerischen Staatsregierung gebrochen. Als Ergebnis wurde festgehalten, zunächst die Reise von Staatssekretär Frank nach Libyen abzuwarten. Würde sie keine Anhaltspunkte dafür liefern, die Kabinettsentscheidung ändern zu müssen, werde das Land Bayern nicht insistieren, vielmehr die Sache „einschlafen" lassen[88]. Der Aufenthalt Franks in Tripolis lieferte erwartungsgemäß keine solchen Anhaltspunkte[89].

---

[84] PA/AA, B 83, Ref. 511, Bd. 822, Aufzeichnung des Referats II B 5 des Bundesjustizministeriums vom 13.11.1972.

[85] PA/AA, B 83, Ref. 511, Bd. 822, Fernschreiben 354 von Botschafter Werner vom 14.11.1972.

[86] Vermerk Franks vom 13.11.1972, in: AAPD 1972, Dok. 372, S. 1699f. Israel freilich ging seinen ganz eigenen Weg. Gezielte Aktionen einer Sondereinheit des Geheimdienstes Mossad brachten in der Folgezeit zahlreichen Mitgliedern des „Schwarzen September" den Tod.

[87] PA/AA, B 83, Ref. 511, Bd. 822, Auszug aus dem Kurzprotokoll über die Kabinettssitzung am 21.11.1972 und undatierte Mitteilung des Kabinettsreferats des Auswärtigen Amts über diese Sitzung.

[88] PA/AA, B 83, Ref. 511, Bd. 822, Aufzeichnung des Vortragenden Legationsrats I. Klasse Carl-August Fleischhauer, Ref. 500, vom 21.12.1972.

[89] Aufzeichnung des Vortragenden Legationsrats I. Klasse Redies vom 22.12.1972, in: AAPD 1972, Dok. 422, S. 1880–1883, hier S. 1882f.

War es wirklich nicht zweckmäßig, die libysche Führung unter Gaddafi und Jalloud durch ein Auslieferungsersuchen zu einer öffentlichen Erklärung zu veranlassen, ob sie bei der Verfolgung von Terroristen mitwirken wolle, wie es Held beabsichtigte? Hinter dieser Frage verbarg sich die Überlegung, ob Konfrontation und öffentlicher Druck oder Gesprächsangebote und Kooperationsbereitschaft die adäquate Antwort auf die Verstrickung Libyens in die Anschläge seien. Es war zweifellos beiden Seiten klar, dass es nie zu einer Auslieferung kommen werde.

Machte es folglich Sinn, Gaddafi in die Ecke zu drängen? Ein solches Vorgehen vermieden die sozial-liberalen Regierungen unter den Bundeskanzlern Brandt und Schmidt strikt. Die Bilanz ihrer Politik fällt freilich gemischt aus. Libyen blieb ein bedeutender Helfershelfer des internationalen Terrorismus[90] und scheute selbst vor Mordanschlägen in Deutschland – im Mai 1980 in Bonn auf den früheren libyschen Diplomaten al-Mehdawi oder im April 1986 auf die Diskothek „La Belle" im Westteil Berlins – nicht zurück. Trotzdem erlebten die bilateralen Beziehungen nie eine so krisenhafte, bedrohliche Zuspitzung wie die Beziehungen zwischen Libyen und den USA, die 1986 in einem amerikanischen Militäreinsatz gipfelten. Dies hatte zum einen damit zu tun, dass die Bundesrepublik trotz wirtschaftlicher Stärke nur eine von historischen Hypotheken belastete Mittelmacht war, die nicht wie die USA einen Führungsanspruch erheben konnte. Infolge der Teilung der deutschen Nation drohten ihr im Ost-West-Konflikt zudem größere Gefahren als anderen westeuropäischen Staaten, was Zurückhaltung gebot. Zum anderen lag es daran, dass die Bundesrepublik wirtschaftlich von Libyen weit abhängiger blieb als die USA. Deshalb entsprach es geradezu ihrer Staatsräson, eine eher vermittelnde Rolle einzunehmen, die es in Einzelfällen erlaubte, Krisen zielgerichtet, nahezu ohne Publizität und sogar ohne Nachgeben zu beenden.

5. Erdöl als politische Waffe und die Nahost-Politik der Bundesrepublik 1973/74

Eine Zäsur in den Beziehungen zwischen der Bundesrepublik und Libyen war – zumindest auf den ersten Blick – die vollständige Anerkennung der DDR durch den RKR Mitte 1973. Mit viel Sinn für Inszenierungen und

---

[90] Vgl. Patterns of Conduct. Libyan Regime Support for and Involvement in Acts of Terrorism. Prepared for M. Cherif Bassiouni, Chair, UNHRC Commission of Inquiry into Human Rights Violations in Libya, by Corri Zoli, Sahar Azar, and Shani Ross, Institute for National Security and Counterterrorism, Syracuse University, Syracuse 2010.

Erdöl als politische Waffe   43

Öffentlichkeitswirkung gab Gaddafi bei einer Rede am 11. Juni 1973 in Tripolis in Anwesenheit Sadats und des extra eingeflogenen Präsidenten von Uganda, Idi Amin, kurz vor Inkrafttreten des Grundlagenvertrags einen entsprechenden Beschluss bekannt. Es war der dritte Jahrestag der Räumung des amerikanischen Stützpunkts Wheelus und zugleich der Tag, an dem der Aufenthalt von Bundeskanzler Brandt in Israel endete. Botschafter Werner sah in der Ansprache gleichwohl keine „unbedingt besonders dramatischen Akzente" und sprach von einer überfälligen Anerkennung[91]. In der Tat handelte es sich mittlerweile, nach Abschluss des deutsch-deutschen Vertragswerks, um einen zu erwartenden geschäftsmäßigen Vorgang. Rein formal gesehen waren jetzt beide deutschen Staaten gleichberechtigt in Tripolis vertreten. De facto hatte die DDR in Libyen aber auch in den nächsten Jahren eine politisch wie wirtschaftlich schwache Position. Deutschland – das war dort die Bundesrepublik. Bedenklich konnte allenfalls erscheinen, wie das libysche Außenministerium die Aufnahme von diplomatischen Beziehungen zur DDR begründete, nämlich damit, dass Ost-Berlin in der Palästina-Frage immer eine positive Haltung eingenommen habe[92].

Welche Gefahren der Nahost-Konflikt für die Durchsetzung ihrer wirtschaftlichen Interessen barg, erfuhr die Bundesregierung in dramatischer Weise nach Ausbruch des vierten Nahost-Kriegs am 6. Oktober 1973. Aber schon in den Wochen zuvor drohten Gefahren, die aus dem libyschen Wunsch nach einer Nationalisierung der Ölindustrie resultierten. Wie andere Ölproduzenten wurde auch die Gelsenberg AG, die größere Anteile an den Konzessionen von Mobil Oil erworben hatte und Rohöl exportierte, im August ultimativ vor die Alternative gestellt: „entweder Beteiligungsabkommen", das heißt „Übernahme durch Libyen zu 51 Prozent, oder einseitige Verstaatlichung durch Dekret zu 100 Prozent". Die libysche Forderung lautete ursprünglich, sich innerhalb von 24 Stunden zu entscheiden – eine Zumutung, die die Unternehmensvertreter unter Hinweis auf ihr partnerschaftliches Verhältnis mit Mobil Oil gerade noch abwehren konnten[93]. Den Vertretern der Gelsenberg AG ging es vor allem darum, eine Totalverstaatlichung abzuwenden. Doch hinter dieser Auseinandersetzung zeigte sich eine zweite, viel weiter reichende Konfliktlinie: die Möglichkeit, Erdöl als politische Waffe einzusetzen. Allerdings blieb unklar, ob die libysche

---

[91] PA/AA, B 150, Fernschreiben 291 von Botschafter Werner vom 12.6.1973.
[92] PA/AA, B 36, Ref. 310, Bd. 104836, Fernschreiben 323 von Botschafter Werner vom 2.7.1973.
[93] PA/AA, AV Tripolis, Bd. 4400, Fernschreiben 367 von Botschaftsrat Müller-Chorus vom 23.8.1973.

Führung wirklich so weit gehen würde; eine Konfrontation musste sie schließlich selbst empfindlich treffen. So war es am Ende nicht ganz überraschend, dass die „Majors" am 1. September 1973 – dem vierten Jahrestag der Machtübernahme Gaddafis, an dem eigentlich die Vereinigung mit Ägypten hätte vollzogen werden sollen – zu 51 Prozent verstaatlicht wurden[94]. Länger anhaltende Proteste gegen diese Entscheidung führten zu keinem Ergebnis. In diesem Fall verfolgte Libyen eine harte Linie, die im Februar und März 1974 zu einer vollständigen Verstaatlichung der Niederlassungen von Amoseas und Shell führte. Im April 1974 akzeptierten Esso und Mobil Oil definitiv die Verstaatlichung zu 51 Prozent[95].

Vorangegangen war die erste große Ölkrise in den 1970er Jahren, die auch in der Bundesrepublik wie ein Schock wirkte. Im Gefolge des Yom-Kippur-Kriegs hoben die Öl exportierenden Staaten der arabischen Welt im Oktober und November 1973 die Rohölpreise drastisch an und beschränkten die Fördermenge deutlich. Die USA und die Niederlande wurden angesichts ihrer besonders aufgeschlossenen Haltung gegenüber Israel mit einem völligen Embargo belegt, während Frankreich weiterhin unvermindert beliefert wurde. Die Bundesrepublik gehörte zu einer dritten Gruppe von Staaten, die weder die Israelis noch die Araber bevorzugten und sich die noch verbleibende Menge Öl teilen mussten, was faktisch Lieferkürzungen bedeutete. Öl als politische Waffe – dieses Schreckgespenst war nun bittere Realität geworden.

Die libysche Führung trat in dieser Situation gegenüber der Bundesregierung als Erpresserin auf. Dabei befanden sich die Verantwortlichen in einer ziemlich misslichen Situation, mussten sie sich doch wegen amerikanischer Waffenlieferungen rechtfertigen, die von Westdeutschland aus ihren Weg nach Israel gefunden hatten. Botschaftsrat Gerhard Müller-Chorus, Botschafter Werners Stellvertreter, erhielt im Außenministerium die Mitteilung, dass Libyen mit der Nahost-Politik der Bundesrepublik unzufrieden sei. In keiner Regierungserklärung fänden die Rechte des palästinensischen Volks Erwähnung. Die Forderung lautete, die Bundesregierung müsse ihre Politik innerhalb einer Woche überprüfen, sonst werde Libyen „geeignete Schritte" ergreifen. Das „Abschneiden der Ölausfuhr" könnte ein solcher Schritt sein. Alle arabischen Staaten, die Öl exportierten, seien bereit, in gleicher Weise vorzugehen. Es handelte sich um den „geschickten Versuch", die Bundes-

---

[94] PA/AA, AV Tripolis, Bd. 4400, Fernschreiben 371 von Botschafter Werner vom 2.9.1973.
[95] PA/AA, AV Tripolis, Bd. 4400, Schriftbericht 275 von Botschaftsrat Schilling vom 5.4.1975 über die libysche Erdölpolitik von Frühjahr 1974 bis Frühjahr 1975.

regierung in dieser unvorteilhaften Lage stärker in das pro-arabische Lager zu treiben[96]. Die arabischen Länder stellten jedoch trotz gegenteiliger Beteuerungen keine Einheit dar. Das auf Wirtschaftshilfe angewiesene Ägypten lehnte eine Boykottdrohung ab und erklärte sich dazu bereit, auf Libyen einzuwirken. Der ägyptische Botschafter in Bonn, Mohamed Ibrahim Kaamel, machte zugleich unverblümt klar, dass sich die Bundesrepublik im Nahost-Konflikt nicht länger „wie ein Kleinstaat" verhalten könne[97].

Das libysche Ultimatum verstrich ohne Folgen. Als es am 6. November 1973 ablief, verabschiedeten die Außenminister der EG-Mitgliedstaaten in Brüssel eine Erklärung zum Nahen Osten, die den arabischen Vorstellungen in zwei Hauptpunkten beträchtlich entgegenkam. Zum einen wurde Israel aufgefordert, seine Truppen aus den 1967 besetzten Gebieten zurückzuziehen. Zum anderen erkannten die Außenminister an, dass es keinen dauerhaften und gerechten Frieden geben könne, wenn die „legitimen Rechte der Palästinenser" keine Berücksichtigung fänden[98]. Diese Aussage besaß „fast revolutionären Charakter", denn die Palästinenser-Frage wurde nun erstmals nicht mehr ausschließlich als Flüchtlingsproblem bezeichnet[99].

Eine Bestandsaufnahme ergab zu Beginn des Jahres 1974, dass Libyen bei der Rohstoffversorgung nach wie vor einen „besonderen Stellenwert" für die Bundesrepublik besaß. 25 Prozent des importierten Erdöls stammten von dort. Eindringlich wiesen die Verfasser der Lageanalyse noch einmal auf die Umwälzungen in der libyschen Mineralölwirtschaft hin: Alle großen Produzenten waren teilnationalisiert worden mit dem Ergebnis einer libyschen Mehrheitsbeteiligung von 51 Prozent. Nur einige wenige Produzenten konnten das System des „Buy-back-Öls" nutzen; sie hatten sich auch den libyschen Anteil von 51 Prozent gesichert[100].

Die Bundesregierung agierte 1973/74 nicht mehr, sie reagierte nur noch, betrieb ausschließlich Krisenmanagement und gab dem libyschen Druck nach. Das Kabinett Schmidt/Genscher zog aus den bitteren Erfahrungen

---

[96] Fernschreiben 459 von Botschaftsrat Müller-Chorus vom 30.10.1973, in: Akten zur Auswärtigen Politik der Bundesrepublik Deutschland 1973, bearb. von Matthias Peter u. a., München 2004, Dok. 346, S. 1686–1689, hier S. 1686 und S. 1688.
[97] PA/AA, B 150, Aufzeichnung des Vortragenden Legationsrats I. Klasse Redies vom 3.11.1973.
[98] Für den Wortlaut der Erklärung vgl. Europa-Archiv 29 (1974), Dokumente, S. 29f.
[99] Bippes, Nahostpolitik. S. 78. Zu den Folgen des Yom-Kippur-Kriegs für die Nahost-Politik der Bundesregierung und der EG-Mitgliedstaaten vgl. Weingardt, Israel- und Nahostpolitik, S. 224–234.
[100] PA/AA, B 36, Ref. 310, Bd. 104835, undatierte und ungezeichnete Aufzeichnung (vermutlich Januar oder Februar 1974).

später die richtigen Schlüsse. Ein Jahr nach den Ereignissen rund um den vierten Nahost-Krieg gab der Ständige Vertreter der Bundesrepublik bei den Vereinten Nationen in New York, Botschafter Rüdiger Freiherr von Wechmar, anlässlich der Palästina-Debatte vor der Generalversammlung am 19. November 1974 folgende Erklärung ab:

„We support the Palestinian people's right to self-determination. [...] As a consequence of the right to self-determination, we recognize the right of the Palestinian people to decide itself whether to establish an independent authority on the territory vacated by Israel [...], or whether to choose another solution. But we also think that the settlement to be reached in the Palestinian question must incorporate all the essential principles laid down in Security Council resolution 242 (1967)."[101]

Der ausdrückliche Bezug auf das Selbstbestimmungsrecht der Palästinenser ging über die Erklärung hinaus, die die Außenminister der EG-Mitgliedstaaten am 6. November 1973 abgegeben hatten. Die Bundesregierung setzte sich so von der Haltung der anderen EG-Mitglieder und selbst von der Frankreichs ab. Auch dass die Bundesregierung das Recht des palästinensischen Volks hervorhob, einen eigenen Staat („independent authority") zu gründen, bedeutete noch einmal einen Schritt auf die arabische Welt zu. Diese Kurskorrekturen waren – obwohl in der konkreten Situation ohne äußeren Druck zustande gekommen – nicht ausschließlich, aber eben doch teilweise ein Resultat der libyschen Drohungen des Jahres 1973. Der neue Bundesminister des Auswärtigen, Hans-Dietrich Genscher, der am 16. Mai 1974 Walter Scheel abgelöst hatte, ließ in den folgenden Jahren bei Gesprächen mit Vertretern der arabischen Staaten kaum eine Gelegenheit aus, auf diese Haltung der Bundesregierung zu verweisen. Mit seinem Hinweis auf das Selbstbestimmungsrecht des palästinensischen Volks, sei er, Genscher, Mitte der 1970er Jahre ein „einsamer Rufer in der Wüste" gewesen[102]. Auch auf die Gefahr hin, dass die Betonung des Selbstbestimmungsrechts allmählich zu einer Leerformel verkam, erfüllte diese Strategie zunächst ihren Zweck. Selbst Gaddafi gab sich in den nächsten Jahren gegenüber der Bundesregierung weitgehend zahm, wenn es um den Nahost-Konflikt und die Palästinenser ging.

---

[101] Official Records of the General Assembly. Twenty-ninth session. Plenary meetings. Volume II. Verbatim records of the 2266th to 2296th meetings. 11 October–22 November 1974, New York 1986, S. 969f.

[102] Aufzeichnung über das Gespräch Genschers mit dem syrischen Außenminister Abdel Halim Khaddam am 27.8.1979 in Damaskus, in: Akten zur Auswärtigen Politik der Bundesrepublik Deutschland 1979, bearb. von Michael Ploetz und Tim Szatkowski, München 2010, Dok. 240, S. 1169–1179, hier S. 1169.

Erdöl als politische Waffe 47

Libyen und seine Nachbarn

III. Intensivierung der politischen und wirtschaftlichen Beziehungen 1974 bis 1979

1. Der Besuch von Ministerpräsident Jalloud 1974 und der libysche Wunsch nach Waffenlieferungen

Zu Beginn des Jahres 1974 rückte in Bonn und Tripolis der bevorstehende Besuch von Ministerpräsident Jalloud in das Zentrum der Aufmerksamkeit, der vom 27. Februar bis zum 2. März 1974 stattfand. Die Reise des Regierungschefs in die Bundesrepublik bot zunächst eine passende Gelegenheit, die innen- und außenpolitische Lage Libyens gründlicher zu untersuchen. Dabei erkannte man die große Bedeutung, die die am 15. April 1973 in Zuwara verkündete „Volksrevolution" für die Sicherung von Gaddafis Herrschaft hatte. Die „Volksrevolution" sollte in fünf Punkten umgesetzt werden: Aufhebung von Gesetzen, die den Erfordernissen der „Revolution" widersprachen; Säuberung des Landes von „Kranken", was nach Belieben ausgelegt werden konnte; Bewaffnung des Volks, um die Distanz zwischen den Streitkräften und der Bevölkerung zu überwinden und eine allgemeine Militarisierung des Volks einzuleiten; eine groß angelegte Reform der Verwaltung; Fortführung der Kulturrevolution. Hinter diesen Forderungen verbargen sich viele Motive, wobei es vor allem um die Mobilisierung der Massen für die Ziele des RKR, die Verfolgung von Oppositionellen jeder Couleur und die Modernisierung der Verwaltung ging[1].

Botschafter Werner hielt fest, Gaddafi habe seine Machtbasis erweitern können. Die kleine Oberschicht und der Mittelstand, durch Polizeiverhöre eingeschüchtert, seien endgültig „stumm oder zu Gebetsmühlen" geworden. Studenten würden, auf Miliz- und Arbeitslager verteilt, gar nicht mehr auf den Gedanken kommen, gegen das Regime zu demonstrieren. Die Bevölkerung sei einer wahren Propagandaflut ausgesetzt. Allerdings war der „Volksrevolution" nicht nur ein repressiver, sondern auch ein aktivistischer Zug eigen. Eine stärkere politische Partizipation der Libyer wurde tatsächlich gewünscht – freilich im Wesentlichen auf lokaler Ebene und keinesfalls zu Lasten der Entscheidungsbefugnisse des RKR. Werner notierte, jeden Tag würden neue „Firmen, Straßenzüge und Institutionen" benannt, bei denen die Menschen in Gestalt von so genannten Volkskomitees die Führung

---

[1] Vgl. Badry, Entwicklung, S. 42–52; Mattes, Volksrevolution, S. 352–371; Mattes, Bilanz, S. 44–47.

übernommen hätten². Diese Politik endete im Chaos; die Verwaltung arbeitete nicht ordentlich, auch wenn bald darauf die schlimmsten Auswüchse durch ein Gesetz beseitigt wurden, das die Personalunion zwischen den Vorsitzenden der Volkskomitees und den administrativen Einheiten auf der unteren Ebene herstellte. Doch der Versuch, die eigene Machtbasis durch kontrollierte Partizipation zu erweitern, war wegweisend. Gaddafi entwickelte dieses System weiter und präsentierte 1977 mit der Volks-Jamahiriya eine ganz eigene Staatskonzeption.

Außenpolitisch fiel vor allem auf, wie isoliert Gaddafi in der arabischen Welt war. Dagegen wurde nun die schwarzafrikanische Komponente der libyschen Außenpolitik stark betont, auch wenn Gaddafi grundsätzlich weiter an panarabischen Zielvorstellungen festhielt. Dass Libyen im arabischen Raum nahezu allein stand und sich verstärkt den Staaten südlich der Sahara zuwandte, hatte mehrere Gründe. Nicht unwichtig war die Tatsache, dass Gaddafi sich ab Anfang 1974 mit seiner harten Haltung in der Erdölpolitik der Kritik anderer arabischer Staaten aussetzte, die allmählich Kompromissbereitschaft zeigten. Ferner hatte seine negative Einstellung zum Yom-Kippur-Krieg einen bitteren Nachgeschmack. Gaddafi ließ zwar Waffen an Ägypten und Syrien liefern, lehnte aber deren Führungsrolle ab. Hinzu kam der Stillstand seiner hartnäckigen Einigungsbemühungen. Nach der gescheiterten Union mit Ägypten blieb auch ein Zusammenschluss mit dem Nachbarstaat Tunesien ohne Erfolg, der von dem arabisch-nationalistisch gesinnten tunesischen Außenminister Mohamed Masmoudi und Gaddafi eingefädelt und Präsident Habib Bourguiba am 12. Januar 1974 unter abenteuerlichen Umständen in Djerba aufgezwungen wurde. Bourguiba befürchtete daraufhin einen Staatsstreich, setzte den Außenminister umgehend ab und widerrief die schriftlich fixierten Vereinbarungen mit Gaddafi. Bei der Neuorientierung Libyens spielten außerdem Islamisierungsbestrebungen eine Rolle, die sich etwa 1973 im symbolträchtigen Übertritt des Präsidenten von Gabun, Omar Bongo, vom Christentum zum Islam manifestierten. Vor allem diente dieser Kurs aber politischen Zwecken³: Die schwarzafrikanischen Staaten sollten zum Beispiel dazu gebracht werden,

---

² PA/AA, B 36, Ref. 310, Bd. 104834, Schriftbericht 438 von Botschafter Werner vom 6.6.1973.
³ PA/AA, B 36, Ref. 311, Bd. 104844, Schriftbericht 259 von Botschafter Werner vom 25.3.1974. Zur geplanten Vereinigung Libyens mit Tunesien B 36, Ref. 311, Bd. 104844, Fernschreiben 17 von Botschafter Werner vom 14.1.1974 und Schriftbericht 62 der Botschaft in Djidda vom 29.1.1974.

bei Erörterungen über den Nahost-Konflikt in den Vereinten Nationen zugunsten der arabischen Anliegen zu stimmen[4].

Der Besuch Jallouds in der Bundesrepublik gab nicht zuletzt den Anlass, die Frage der Rüstungsexporte nach Libyen zwischen 1969 bis 1973 zu rekapitulieren, denn es stand zu erwarten, dass der Gast einen langen Wunschzettel vorlegen werde. Der Export von Rüstungsgütern war durch das Kriegswaffenkontrollgesetz vom 20. April 1961 und das Außenwirtschaftsgesetz vom 28. April 1961 geregelt[5]. Darüber hinaus dienten die „Politischen Grundsätze der Bundesregierung für den Export von Kriegswaffen und sonstigen Rüstungsgütern", die am 16. Juni 1971 verabschiedet worden waren, als maßgebliche Entscheidungsgrundlage. Mit Blick auf den Export in Staaten, die nicht der NATO angehörten und zu Spannungsgebieten zählten (diese Festlegung traf das Auswärtige Amt), hieß es: „Keine Kriegswaffen." Auch Genehmigungen für „sonstige Rüstungsgüter" waren zu versagen, sofern eine Störung des friedlichen Zusammenlebens der Völker oder eine erhebliche Störung der auswärtigen Beziehungen der Bundesrepublik zu befürchten war[6]. Das Referat 403 des Auswärtigen Amts notierte diesbezüglich im Februar 1974, Libyen gehöre zum Spannungsgebiet Naher Osten; demnach war die Lieferung von Kriegswaffen und sonstigen Rüstungsgütern ausgeschlossen. Diese Regel galt allerdings nicht für „sonstige Rüstungsgüter nicht besonders kriegswaffennahen Charakters". In vergleichbaren Fällen waren bislang zumeist Ausfuhrgenehmigungen erteilt worden, für Exporte in arabische Staaten wie nach Israel. Das betraf etwa den Export von Zivilflugzeugen, Peil- und Funkanlagen, Sprengstoffen, Zielgeräten und Stahlhelmen[7].

Um Rüstungsexporte ging es insbesondere beim Gespräch Jallouds mit Bundesverteidigungsminister Georg Leber (SPD). Der Gast zeigte sich höchst interessiert an der Lieferung von Panzern, Panzerabwehrraketen, U-Booten, Schnellbooten und Fregatten. Leber erteilte ihm aber eine deutliche Absage und bot im Gegenzug ein Programm zur Aus- und Weiterbildung libyscher

---

[4] PA/AA, B 36, Ref. 310, Bd. 104836, Schriftbericht 171 von Botschaftsrat Müller-Chorus vom 26. 2. 1974.
[5] Für den Wortlaut des Kriegswaffenkontroll- und des Außenwirtschaftsgesetzes vgl. BGBl., Teil I, Nr. 26 vom 25. 4. 1961 und Nr. 29 vom 5. 5. 1961, S. 444–452 und S. 481–494.
[6] Für den Wortlaut der „Politischen Grundsätze" von 1971 vgl. Wehrdienst (Informationsbrief für die Verteidigungswirtschaft), Beilage zur Ausgabe vom 13. 6. 1977.
[7] PA/AA, B 36, Ref. 310, Bd. 104835, Aufzeichnung des Referats 403 vom 21. 2. 1974.

Der Besuch von Ministerpräsident Jalloud 1974 51

Soldaten an, was Jalloud gar nicht überzeugte[8]. Auch auf anderen Wegen versuchten die Libyer, ihrem Ziel näher zu kommen. So bat der Oberbefehlshaber der libyschen Marine in einer Unterredung mit Gerhard Georg Mertins um eine Aufrüstung der Seestreitkräfte. Dieses Geschäft sollte bis 1980 abgewickelt werden und wurde auf einen Wert von zehn Milliarden DM beziffert. Zusätzlich äußerte er den Wunsch nach einer Lieferung von 300 Panzern des Typs „Leopard" über ein Drittland, nämlich Italien[9].

Mertins, der selbst stets interessiert schien, stand weiterhin im Zentrum libyscher Anfragen. Im August 1974 teilte Mertins dem Auswärtigen Amt mit, er und sein Prokurist hätten sich vor kurzem auf Bitte von Jalloud mit dem „obersten libyschen Einkaufschef" in Paris getroffen. Es sei der Wunsch nach Panzerlieferungen ausgesprochen worden, unter anderem von 200 „Leopard"-Panzern auf direktem Weg oder über ein Drittland. Als Gegenleistung biete Libyen ein Abkommen über die Lieferung von Erdöl „mit erheblichen Preisnachlässen" an[10]. Das Auswärtige Amt teilte Mertins daraufhin unmissverständlich mit, dass keine Aussichten für ein solches Geschäft beständen[11].

Bei Rüstungsgütern bediente sich Gaddafi schnell andernorts. Vom 14. bis 25. Mai 1974 war Jalloud zu Besuch in der UdSSR, wo er unter anderem mit dem Generalsekretär des Zentralkomitees der KPdSU, Leonid Breschnew, und gleich sechsmal mit Ministerpräsident Alexej Kossygin zusammenkam. Zunächst vermittelte die bundesdeutsche Botschaft in Moskau den Eindruck, als sei der Besuch eher von politischen Divergenzen geprägt gewesen[12]. In Wahrheit handelte es sich aber um eine Wende im libysch-sowjetischen Verhältnis, die auch wegen der starken Differenzen zwischen Libyen und Ägypten erfolgte und im Ergebnis eine Intensivierung der wirtschaftlichen Beziehungen sowie ein Abkommen über Rüstungslieferungen der UdSSR erbrachte[13]. Die Botschaft in Tripolis gab später Aussagen einer zuverlässigen sowjetischen Quelle über den Umfang dieses Abkommens nach Bonn weiter:

---

[8] PA/AA, B 36, Ref. 310, Bd. 104835, Aufzeichnung des Bundeskanzleramts vom 28.2.1974 über das Gespräch am Vortag.
[9] PA/AA, B 36, Ref. 310, Bd. 104835, Vermerk von Ministerialdirigent Walter Jesser, Unterabteilung 31, vom 4.3.1974.
[10] PA/AA, B 52, Ref. 422, Bd. 117163, Schreiben Mertins' an Vortragenden Legationsrat I. Klasse Redies vom 5.8.1974; das Schreiben ist mit dem Datum 8.8.1974 falsch datiert.
[11] PA/AA, B 52, Ref. 422, Bd. 117163, Vermerk des Vortragenden Legationsrats I. Klasse Redies vom 8.8.1974 über ein Gespräch mit Mertins am 6.8.1974.
[12] PA/AA, B 36, Ref. 310, Bd. 104836, Fernschreiben 1858 des Gesandten Johannes Balser, Moskau, vom 27.5.1974.
[13] Vgl. Brill, Libyens Außen- und Sicherheitspolitik, S. 81 f.

"Sie haben alles bekommen, was [Jalloud] in Moskau erbeten hat." Geliefert wurden vor allem Panzer und Flugabwehrraketen[14].

Ein Jahr später, vom 12. bis 15. Mai 1975, erfolgte der Gegenbesuch Kossygins in Libyen. Zu einer Annäherung der Standpunkte beider Staaten in der Nahost-Frage kam es bei dieser Gelegenheit nicht. Im Gegenteil: Gaddafi führte die Supermacht geradezu vor und ließ im ehemaligen amerikanischen Militärstützpunkt Wheelus zu aller Erstaunen „im gezielten Theatercoup" Jassir Arafat erscheinen, der erkennbar zum Missvergnügen des Gastes an der Seite Kossygins platziert wurde. Gleichwohl kam die Botschaft in Tripolis zu der Einschätzung, dass es der UdSSR gelungen sei, „endgültig in dem Machtvakuum an der libyschen Küste Fuß zu fassen". Diese Einschätzung beruhte darauf, dass wieder Waffenlieferungen und außerdem die Entsendung eines großen Kontingents sowjetischer Militärexperten nach Libyen vereinbart worden waren. Unter diesen Umständen zeigte sich einmal mehr die strategische Bedeutung der „Gegenküste zum weichen Unterleib Europas"[15]. Offensichtlich umfasste das Rüstungsabkommen außer Panzern und Flugabwehrraketen auch die Lieferung von Kampfflugzeugen, was die Anwesenheit sowjetischer Fachkräfte erforderlich machte. Nachdem Sadat im Juli 1972 die Ausweisung sämtlicher Militärberater und anderer Experten der UdSSR aus Ägypten verfügt hatte, war die Übereinkunft mit Libyen für die Sowjets ein bedeutender Erfolg, auch wenn ihr keine Militärbasen zugestanden wurden[16]. Mochten die Interessen Libyens und der Sowjetunion langfristig entgegengesetzt sein, wie die Botschaft in Tripolis annahm, so hatten die Sowjets doch eine Art Brückenkopf in der Region gewonnen[17].

Dazu kam, dass nunmehr auch die DDR und Libyen Anstrengungen unternahmen, ihre Beziehungen zu intensivieren. Bevor Ministerpräsident Kossygin nach Tripolis reiste, besuchte Jalloud vom 22. bis 25. April 1975 die DDR. Unterzeichnet wurden ein Handelsabkommen sowie ein Abkommen über wirtschaftliche, industrielle und wissenschaftlich-technische Zusammenarbeit. Zudem vereinbarte man bei dieser Gelegenheit die Belieferung der DDR mit libyschem Erdöl und die Ausfuhr bestimmter industrieller

---

[14] PA/AA, B 36, Ref. 310, Bd. 104836, Fernschreiben 376 von Botschaftsrat Müller-Chorus vom 15.8.1974.
[15] PA/AA, B 36, Ref. 311, Bd. 108812, Fernschreiben 218 von Botschafter Werner vom 20.5.1975.
[16] PA/AA, B 36, Ref. 311, Bd. 108812, Fernschreiben 873 von Botschaftsrat I. Klasse Barthold Witte, Kairo, vom 29.5.1975.
[17] PA/AA, B 36, Ref. 311, Bd. 108812, Fernschreiben 305 von Botschafter Werner vom 22.7.1975.

Güter durch die DDR. Bisher war das Handelsvolumen zwischen beiden Staaten sehr begrenzt gewesen; weniger als ein Prozent der libyschen Einfuhren stammte aus der DDR. Ob sich das fortan ändern würde, blieb erst einmal abzuwarten. Es ließ sich zumindest nicht ausschließen, dass es nun zu einer Verbesserung der bislang „unterkühlten Beziehungen" kommen werde. Jedenfalls war der Wunsch der DDR evident, im Gefolge der UdSSR in Libyen stärker als bisher Fuß zu fassen[18].

2. Die Kooperation im Bereich der inneren Sicherheit und die Entwicklung der wirtschaftlichen Beziehungen 1975/76

Die Bundesregierung unter Helmut Schmidt kam unterdessen einen scheinbar kleinen, aber potentiell nicht unbedeutenden Schritt voran. Sie ging auf den libyschen Wunsch ein, ein Labor für Kriminaluntersuchungen einzurichten beziehungsweise die Ausbildung des Personals dafür zu übernehmen. Die Vertretung in Tripolis signalisierte umgehend ihre Zustimmung und sprach sich für die Entsendung einer libyschen Delegation in die Bundesrepublik aus, um die bilaterale Zusammenarbeit auf dem Polizeisektor voranzutreiben[19]. Ansprechpartner im Innenministerium des Gastlands war Oberst Younis Belgassem, ein hochrangiger Beamter, der von 1977 bis 1979 das Amt des Innenministers innehatte. Belgassem avancierte zu einem der wichtigsten Vermittler zwischen der Bundesrepublik und Libyen, der manchen wertvollen Dienst leistete, wobei seine Motivation und sein Verhältnis zu Gaddafi undurchschaubar blieben. Die von deutscher Seite gewünschte Zusammenarbeit der Sicherheitsbehörden rückte mit Belgassems Hilfe vermeintlich ein kleines Stück näher. Trotz der „bedenkliche[n] Hilfestellungen libyscher Stellen für terroristische Aktivitäten" schien eine Kooperation auf diesem Feld sinnvoll zu sein. Sie bot, so hoffte man, wenigstens in bescheidenem Rahmen die Möglichkeit, die gemäßigten Kräfte in der libyschen Verwaltung zu stärken, auf die Haltung der politischen Führung zum Terrorismus einzuwirken und einige Informationen über entsprechende Aktivitäten zu erlangen[20]. Die bilaterale Kooperation wurde daher im Bundesinnenministerium gutgeheißen.

---

[18] PA/AA, B 36, Ref. 311, Bd. 108812, Fernschreiben 188 von Botschaftsrat Schilling vom 30.4.1975.
[19] PA/AA, AV Tripolis, Bd. 4403, Schriftbericht 814 von Botschaftsrat Schilling vom 14.9.1974.
[20] PA/AA, B 36, Ref. 311, Bd. 119934, Schreiben von Staatssekretär Siegfried Fröhlich, Bundesinnenministerium, an Botschafter Werner vom 23.7.1976.

Dass die Ausbildung von Fachkräften umgekehrt Repression und Terrorismus fördern könnte, glaubte man zunächst nicht. Oberst Belgassem hielt sich im Januar 1975 rund zwei Wochen in der Bundesrepublik auf. Botschafter Werner berichtete vorab, Belgassem wolle den Besuch mit Hilfe von Werner Beintmann von der Firma Bela Consult in Detmold organisieren und bitte nur, das BKA in Wiesbaden über seine Gesprächswünsche zu unterrichten. Werner empfahl, ihn „hochrangig" zu empfangen[21]. Am 13. und 21. Januar 1975 traf Belgassem in Anwesenheit Beintmanns mit dem Vizepräsidenten des BKA, Werner Heinl, zusammen, wobei Details der Ausbildung besprochen wurden. In einer weiteren Unterredung am 20. Januar im Bundesinnenministerium ließ man den Gast wissen, „dass die libysche Polizei Terroristen nicht unterstützen möge". Belgassem versicherte, den Wunsch bezüglich Informationsaustausch in „Angelegenheiten der gegenseitigen Sicherheit" in seiner Heimat vorzutragen[22]. Von April 1975 bis Ende 1976 wurden dann zehn libysche Polizisten in der Bundesrepublik ausgebildet, vier von ihnen auf dem Gebiet der Kriminaltechnik sowie sechs in Chemie und Physik mit anschließender Weiterbildung im BKA[23]. Alle Kosten gingen zu Lasten der libyschen Seite.

Zeitweilig bekamen die Verantwortlichen allerdings kalte Füße. Eine Verlängerung der Kooperation stieß zwischenzeitlich im Außen- wie im Innenministerium auf Bedenken. Innenminister Werner Maihofer (FDP) ließ mitteilen, man zweifle daran, ob es opportun sei, dem libyschen Polizeiapparat aufgrund der Haltung des Landes zum Terrorismus weiter technische Hilfe zu gewähren. Seiner Meinung nach konnte die laufende Ausbildung der zehn Polizisten zwar nicht ohne Eklat abgebrochen werden, aber ihr baldiges Ende war anzustreben[24]. Einen abrupten Abbruch dieser Zusammenarbeit und damit eine Brüskierung Libyens zu vermeiden, hielt auch das Auswärtige Amt für wichtig. Die Kooperation sollte nur noch in „unverfänglichen Bereichen des Polizeiwesens", zum Beispiel bei der Verkehrsplanung, fortgeführt werden[25].

---

[21] PA/AA, AV Tripolis, Bd. 4403, Fernschreiben 7 von Botschafter Werner vom 7.1.1975.
[22] PA/AA, B 36, Ref. 311, Bd. 108814, Schreiben des Bundesinnenministeriums an das Auswärtige Amt vom 25.2.1976 mit drei Aufzeichnungen von 1975 über die Gespräche Belgassems im Anhang.
[23] PA/AA, B 36, Ref. 311, Bd. 119934, Schreiben des Bundesinnenministeriums an das Auswärtige Amt vom 19.1.1979 mit Anlagen.
[24] PA/AA, B 36, Ref. 311, Bd. 108814, Schreiben des Bundesinnenministeriums an das Auswärtige Amt vom 26.4.1976.
[25] PA/AA, B 36, Ref. 311, Bd. 108814, Mitteilung von Ministerialdirigent Jesser an das Bundesinnenministerium vom 29.4.1976.

Botschafter Werner argumentierte dagegen, zwar könne ein „Zusammenhang zum internationalen Terrorismus" gesehen werden, doch die Verbindung zwischen den beiden Innenministerien und Polizeiapparaten stellte aus seiner Sicht ein wertvolles „unpolitisches Bindeglied" dar, das es der Botschaft bereits erleichtert hätte, einige Fragen, gerade im Wirtschaftsbereich, leichter zu regeln. Die Bundesrepublik hätte auch insofern profitiert, als sie nicht denselben Anfeindungen und Verleumdungen ausgesetzt sei wie die Amerikaner. Wenn dieser „Schutzschild" verloren gehe, müsse mit wirtschaftlichen „Rückwirkungen" gerechnet werden. Werner wies auf die Höhe der Aufträge für Unternehmen aus der Bundesrepublik hin, die er mit sechs Milliarden DM angab[26]. Aus dieser Perspektive war es konsequent, dass der Botschafter die Absage eines Aufenthalts von Heinl in Tripolis bedauerte, die mit einer „Erkrankung" des Vizepräsidenten des BKA begründet wurde. Werner sah auch in diesem Fall besonders die wirtschaftlichen Implikationen. Der Innenminister, Khweildi Hamidi, der auch Mitglied des RKR war, hatte demnach maßgeblichen Einfluss auf die Wirtschaftspolitik beziehungsweise auf die Vergabe von Großaufträgen. Nicht ohne einen bitteren Unterton fügte Werner an, während die Reise von Heinl abgesagt werde, komme der französische Ministerpräsident Chirac zu einem Besuch nach Tripolis[27].

Jacques Chirac hielt sich vom 20. bis 22. März 1976 in Libyen auf. Er war der erste westeuropäische Regierungschef, der Tripolis nach der Machtübernahme Gaddafis einen offiziellen Besuch abstattete[28]. Zu den Ergebnissen der Reise notierte das Auswärtige Amt, dass Frankreich eine Intensivierung der Wirtschaftsbeziehungen wünsche und dies erreicht habe. Mehrere industrielle Großvorhaben wurden an französische Firmen vergeben. Außerdem erhielt Gaddafi eine Einladung zu einem offiziellen Besuch in Frankreich[29]. Der libysche Staatschef hatte sich schon am 23./24. November 1973

---

[26] PA/AA, B 36, Ref. 311, Bd. 108814, Schriftbericht 323 von Botschafter Werner vom 23.5.1976.

[27] PA/AA, B 36, Ref. 311, Bd. 108811, Fernschreiben 147 von Botschafter Werner vom 1.4.1976.

[28] Bereits im Februar 1975 hielt sich der österreichische Bundeskanzler Bruno Kreisky in Tripolis auf, aber im Rahmen einer „Fact-Finding-Mission" der Sozialistischen Internationale im Nahen Osten. Auch wenn Kreisky als Mitglied der Sozialistischen Internationale reiste, war es doch so, dass sich seine Aufgaben in dieser Funktion mit denen als Regierungschef „vermischten". Vgl. Elisabeth Röhrlich, Kreiskys Außenpolitik. Zwischen österreichischer Identität und internationalem Programm, Göttingen 2009, S. 317.

[29] PA/AA, B 36, Ref. 311, Bd. 108811, Vermerk des Referats 311 vom 31.3.1976.

das erste Mal in Paris aufgehalten und eine Unterredung mit Staatspräsident Georges Pompidou geführt; dieser Besuch besaß aber keinen offiziellen Charakter[30]. Chiracs Reise nach Tripolis bot dem Auswärtigen Amt einen Anlass, die Beziehungen der Bundesrepublik zu Libyen eingehend zu überdenken. Hinter der französischen Politik verbarg sich die altbekannte und auch künftig immer wieder auftauchende Grundsatzüberlegung, „ob man den Verkehr mit extremen Regimes angesichts der Unvereinbarkeit der Positionen einschränken oder ihn intensivieren sollte, um dem Einrücken in noch extremere Positionen vorzubeugen". Das Vorgehen Frankreichs galt in diesem Zusammenhang als „problematisch"[31].

Die westdeutsche Botschaft in Tripolis sah zwei Alternativen: Wegen der politischen Differenzen konnte die Bundesrepublik auf wirtschaftliche Aktivitäten verzichten. Die Bundesregierung konnte aber auch staatlichen „Flankenschutz" für den Ausbau der Wirtschaftsbeziehungen geben und versuchen, diesen Bereich nach Möglichkeit störungsfrei zu halten[32]. Letztlich kam erwartungsgemäß die zweite Variante zum Zuge. In diesem Kontext wurde erstens die Konstituierung einer gemischten deutsch-libyschen Wirtschaftskommission vorgeschlagen und zweitens auf die Notwendigkeit hingewiesen, auch die politischen Gespräche nicht abreißen zu lassen[33]. Unter diesen Voraussetzungen aber war es anmaßend, die Haltung der Franzosen als Problem zu sehen und sich selbst als zurückhaltend darzustellen. Die bundesdeutsche und die französische Position unterschieden sich fast gar nicht, mit der einzigen Ausnahme, dass Frankreich politische Kontakte jetzt erstmals auf der Ebene von Regierungschefs pflegte. Unterhalb dieser Schwelle war auch für die Bundesrepublik alles möglich: Staatsminister, Staatssekretäre und Bundesminister besuchten Libyen.

Das erste Mitglied der Bundesregierung, das sich nach Gaddafis Putsch in Libyen aufhielt, war am 7./8. Mai 1975 der Bundesminister für Wirtschaft, Hans Friderichs (FDP) – sicherlich ein Ausdruck der engen Wirtschaftsbeziehungen. Der Besuch verlief unspektakulär, legte aber den Grundstein für weitere Geschäfte und einen Ausbau der Zusammenarbeit. Libyen verpflichtete sich zur Lieferung von Rohöl, während Friderichs in erster

---

[30] PA/AA, B 36, Ref. 310, Bd. 104836, Fernschreiben 3597 von Botschafter Sigismund Freiherr von Braun, Paris, vom 29.11.1973.
[31] PA/AA, B 36, Ref. 311, Bd. 108811, Vermerk des Referats 311 vom 31.3.1976.
[32] PA/AA, B 36, Ref. 311, Bd. 108811, Vermerk der Botschaft in Tripolis vom März 1976.
[33] PA/AA, B 36, Ref. 311, Bd. 108811, Aufzeichnung von Ministerialdirektor Lothar Lahn, Abteilung 3, vom 31.3.1976.

Linie technische Hilfe und die Ausbildung von libyschem Personal zusagte. Beide Seiten drückten ihren Wunsch nach einer Steigerung des Handelsvolumens aus[34]. Über technische Hilfe hatte man bereits am 25. Juli 1974 in Bonn ein Rahmenabkommen unterzeichnet. Danach sollte die Bundesrepublik durch Entsendung von Fachkräften Libyen bei der Einrichtung von Beratungs- und Ausbildungszentren helfen[35]. Das Abkommen, das Ende 1975 in Kraft trat, war für die libysche Seite insoweit von enormer Bedeutung, als das Land weiterhin unfähig war, genügend eigene Fachkräfte auszubilden. Das lag zum einen an verwaltungstechnischen Gründen, zum anderen an der Tatsache, dass Libyen trotz rapiden Wachstums zu den am wenigsten bevölkerten Staaten der Welt zählte. Der Anteil von Nicht-Libyern an Ärzten, Ingenieuren und Architekten lag zwischen 86 und 91 Prozent[36]. Auf staatlicher Ebene markierte das bilaterale Abkommen den „Beginn der entwicklungspolitischen Kooperation"[37].

Die deutsch-libyschen Wirtschaftsbeziehungen nahmen vom Ende der 1960er bis Mitte der 1970er Jahre einen deutlichen Aufschwung. Lag der Wert der Ausfuhren 1969 bei rund 238 Millionen DM, so erreichte er 1975 bereits etwa 1,32 Milliarden DM. Der Anteil am Gesamtexport in die Länder des afrikanischen Kontinents – 1969 circa 4,72, 1975 etwa 12,47 Milliarden DM – stieg für Libyen von ungefähr fünf auf 10,6 Prozent. Die Importe aus Libyen, im Wesentlichen Erdöl, blieben hoch: 2,55 Milliarden DM 1969 und 3,44 Milliarden DM 1975. Das entsprach einem Anteil von 33 beziehungsweise 24 Prozent an der Gesamteinfuhr aus Afrika[38]. In der Importstatistik für Erdöl rangierte Libyen hinter Saudi-Arabien an zweiter Stelle. Libyens Anteil an der westdeutschen Erdöleinfuhr lag bei 16,7 Prozent. In der libyschen Exportstatistik für die Monate Januar bis September 1975 war die Bundesrepublik mit 20,5 Prozent an zweiter Position platziert, hinter den USA mit 21,4 und vor Italien mit 19,3 Prozent. Für die DDR belief sich der Wert auf gerade einmal 0,6 Prozent. Der libysche Markt war für die Wirtschaft der Bundesrepublik „unverzichtbar" – besonders angesichts der

---

[34] PA/AA, B 36, Ref. 311, Bd. 108811, Fernschreiben 207 von Botschafter Werner vom 10.5.1975 und „Agreed Minutes" vom 8.5.1975.

[35] Vgl. die Mitteilung über die Unterzeichnung des Rahmenabkommens, in: Bundesanzeiger vom 30.7.1974, S. 7.

[36] PA/AA, B 36, Ref. 311, Bd. 108813, Schriftbericht 279 von Botschaftsrat Schilling vom 22.4.1976.

[37] PA/AA, B 36, Ref. 311, Bd. 108814, Schreiben des Bundesministeriums für wirtschaftliche Zusammenarbeit an das Auswärtige Amt vom 23.4.1976.

[38] Vgl. Statistisches Jahrbuch für die Bundesrepublik Deutschland 1973 und 1977, S. 316 beziehungsweise S. 248.

Tatsache, dass das Volumen der seit Anfang 1971 an westdeutsche Unternehmen vergebenen Projekte 5,5 Milliarden DM betrug. Dazu zählten der Bau von Zementfabriken, einer Ammoniakfabrik und einer Anlage zur Gewinnung von Methanol ebenso wie die Errichtung von Kraftwerken und Krankenhäusern, die Einrichtung einer landwirtschaftlichen Siedlung sowie zahlreiche Vorhaben im Bereich der Elektrizitätsgewinnung[39]. Ausdruck der überaus engen wirtschaftlichen Beziehungen war die konstituierende Sitzung einer bilateralen Wirtschaftskommission vom 29. Juni bis 1. Juli 1976 in Bonn[40].

3. Die Bekämpfung des internationalen Terrorismus: die Konvention gegen Geiselnahme

Um bei der Abwehr des grenzüberschreitenden Terrorismus Erfolge vermelden zu können, setzte die Bundesregierung in der zweiten Hälfte der 1970er Jahre nicht allein auf bilaterale Kontakte, sondern auch auf Initiativen in internationalen Organisationen. Anfang 1976, kurz nach dem Anschlag auf die Zentrale der OPEC in Wien am 21. Dezember 1975, als dessen Urheber immer wieder Gaddafi genannt wurde[41], erhielten sämtliche Auslandsvertretungen der Bundesrepublik die Weisung, über die jeweilige Haltung des Gastlands zum Terrorismus zu informieren und herauszufinden, wie man dort über eine Initiative in den Vereinten Nationen zu dessen Bekämpfung denke. Dabei wurde ein umfassendes Abkommen gegen Terrorismus als optimale Lösung angesehen, das aber bislang am Widerstand vieler Staaten der Dritten Welt gescheitert war, die darin eine Diskriminierung von „Befreiungsbewegungen" erblickten. Als befriedigende Alternative wurde daher eine Konvention gegen Geiselnahme vorgeschlagen, als deren Kernpunkt ein internationales Aufnahmeverbot für Geiselnehmer galt[42].

Aufschlussreich war der Bericht der Botschaft in Tripolis, wo man zunächst feststellte, dass für Libyen die weltweite Unterstützung von „Freiheitsbewegungen" ein Kernstück der Außenpolitik darstelle und dass das Land Terroristen Zuflucht gewähre. Interessant las sich auch die Antwort

---

[39] PA/AA, B 36, Ref. 311, Bd. 108813, Schriftbericht 279 von Botschaftsrat Schilling vom 22.4.1976, hier vor allem Anlage IX: „Aufträge an deutsche Unternehmen".
[40] PA/AA, B 36, Ref. 311, Bd. 108813, Aufzeichnung des Vortragenden Legationsrats Wilhelm Höynck, Ref. 311, vom 5.7.1976.
[41] Vgl. Thomas Riegler, Im Fadenkreuz: Österreich und der Nahostterrorismus 1973 bis 1985, Göttingen 2011, S. 125–135 und S. 185–230.
[42] PA/AA, B 30, Ref. 230, Bd. 121071, Runderlass von Ministerialdirektor Günther van Well, Abteilung 2, vom 13.1.1976.

auf die Frage, ob Libyen einer Teil-Konvention gegen Terrorismus beitreten würde. In der Botschaft nahm man nämlich an, dass Gaddafi sich zwar „in der Sache" gewiss nicht einengen lassen und kaum zu einer konstruktiven internationalen Zusammenarbeit bereit sein werde. Aber es könne nicht ausgeschlossen werden, dass auch taktische Gedanken eine Rolle spielten. Da Meldungen die Runde machten, Libyen habe die Attentäter von Wien aufgenommen, schien eine gewisse Zurückhaltung der libyschen Machthaber in den Vereinten Nationen denkbar zu sein. Es konnte Gaddafi nicht daran gelegen sein, ständig am Pranger der internationalen Gemeinschaft zu stehen. So war Libyen im März 1974 dem Abkommen zur Bekämpfung widerrechtlicher Handlungen gegen die Sicherheit der Zivilluftfahrt vom 23. September 1971 beigetreten[43].

Für die Bundesregierung schienen 1976 die Aussichten für eine erfolgreiche Initiative schlecht zu stehen. Niemand erwartete ein befriedigendes Resultat. Unter den arabischen Staaten trat den westlichen Intentionen nur Ägypten einigermaßen aufgeschlossen gegenüber. Mitte September 1975 war das Land selbst Ziel eines Terroranschlags geworden, bei dem wahrscheinlich Libyen seine Hände im Spiel hatte. Die Entführung des ägyptischen Botschafters in Madrid verfolgte das Ziel, Ägypten zum Verzicht auf das Abkommen mit Israel über die Entflechtung der Truppen auf der Halbinsel Sinai zu zwingen[44].

Libyen gab sich in den Verhandlungen lange Zeit unnachgiebig. Wie Algerien und Syrien trugen seine Vertreter zur Politisierung der Debatten bei. Libyen stellte die Zweckmäßigkeit einer Konvention gegen Geiselnahme in Frage und versuchte, Aktionen von „Befreiungsbewegungen" in Ausübung des Selbstbestimmungsrechts aus der Definition des Begriffs Geiselnahme auszuklammern. Gaddafis Regierung zeichnete für einen Vorschlag verantwortlich, nach dem auch Völker, die unter kolonialer Herrschaft ständen und fundamentaler Rechte beraubt seien, als Geiseln angesehen werden müssten.

Als die Verhandlungen in der zweiten Hälfte des Jahres 1979 in ihre entscheidende Phase traten, ergab sich aber ein überraschender Umschwung. Die libysche Delegation unterstützte plötzlich – einzig aus taktischen Er-

---

[43] PA/AA, B 30, Ref. 230, Bd. 121071, Fernschreiben 26 von Botschaftsrat Schilling vom 19.1.1976. Für den Wortlaut des Übereinkommens vgl. BGBl., Teil II, Nr. 47 vom 10.12.1977, S. 1230–1237.
[44] PA/AA, B 30, Ref. 230, Bd. 121071, Aufzeichnung des Referats 230 vom 10.3.1976. Ägypten und Israel unterzeichneten am 4.9.1975 in Genf ein Abkommen über Gewaltverzicht und weitere militärische Entflechtungsmaßnahmen auf der Halbinsel Sinai.

wägungen, wie sich hinterher zeigen sollte – vermittelnde Texte und ließ sich auch von der UdSSR nicht beeinflussen, welche die Länder der Dritten Welt wiederholt gegen die westlichen Staaten auszuspielen versuchte. Schließlich verweigerte sich kein einziger der radikalen arabischen Staaten einer Lösung auf dem Verhandlungsweg, im Gegenteil, einige, darunter auch Libyen, unterstützten einen Kompromiss, der die Problematik von Geiselnahmen mit Blick auf „Befreiungsbewegungen" und andere schwierige Fragen klärte, ohne dass die Bundesrepublik substantielle Abstriche an ihren Positionen hinnehmen musste[45].

Die Übereinkunft, die die Initiative der Bundesregierung nach über drei Jahren zu einem ebenso unerwarteten wie erfolgreichen Abschluss brachte, beinhaltete ein lückenloses Verbot von Geiselnahme und bestimmte, dass Geiselnehmer ohne Ausnahme auszuliefern oder in dem Staat, in welchem sie aufgegriffen würden, strafrechtlich zu belangen seien[46]. In den 1970er Jahren war das der wohl bedeutendste Erfolg der Bundesrepublik auf der Bühne der Vereinten Nationen, mit dem sie international an Profil gewann. Dabei kam ihr zugute, dass eine Initiative von ihrer Seite weniger Verdacht erregte als von Seiten der USA oder Frankreichs und Großbritanniens, denen noch der Geruch kolonialer Herrschaft anhaftete. Das allein erklärt natürlich nicht den Kurswechsel Libyens. Diesen Schwenk als Ausdruck eines „Trends zur Ablehnung bestimmter terroristischer Praktiken" zu beurteilen, wie es im Auswärtigen Amt geschah[47], traf nicht den Kern der Sache. Libyen und den anderen radikalen arabischen Staaten ging es vor allem um Öffentlichkeitswirkung, weil sie nicht ständig wegen der Unterstützung des internationalen Terrorismus auf der Anklagebank sitzen wollten.

Die Bundesregierung ließ sich gehörig täuschen. Der Irak und Syrien haben sich dem Übereinkommen bis heute nicht angeschlossen, während Libyen seinen Beitritt erst im Oktober 2000 vollzog[48]. Dass die Konvention gegen Geiselnahme durchgesetzt werden konnte, war ohne Zweifel ein prestigeträchtiger Erfolg für die sozial-liberale Regierung – der aber nichts an der grundsätzlichen libyschen Haltung zum Terrorismus änderte.

---

[45] PA/AA, B 30, Ref. 230, Bd. 121080, Schriftbericht 61 der Ständigen Vertretung bei den Vereinten Nationen in New York vom 17.1.1980.
[46] Für den Wortlaut des Internationalen Übereinkommens gegen Geiselnahme vom 18.12.1979 vgl. BGBl., Teil II, Nr. 44 vom 23.10.1980, S. 1362–1369.
[47] PA/AA, B 5, Ref. 012, Bd. 111778, Runderlass 156 des Vortragenden Legationsrats I. Klasse Richard Ellerkmann, Ref. 012, vom 27.12.1979.
[48] Vgl. BGBl., Teil II, Nr. 38 vom 27.12.2000, S. 1563. Ägypten war am 3.6.1983 der erste Staat der Arabischen Liga, für den das Abkommen in Kraft trat; vgl. BGBl., Teil II, Nr. 17 vom 15.7.1983, S. 461.

4. Im Zeichen der inneren Sicherheit: Kooperation vor dem Hintergrund der „Offensive '77" der RAF

Hinsichtlich der deutsch-libyschen Kontakte im Bereich der inneren Sicherheit kam es Ende 1976/Anfang 1977 vor allem im Bundesinnenministerium, aber auch im Auswärtigen Amt zu einem signifikanten Sinneswandel. Hatten die Verantwortlichen zuerst gehofft, über diese Schiene einigen Einfluss gewinnen zu können, distanzierten sie sich später wegen der Verstrickung des Partnerlands in den internationalen Terrorismus und beabsichtigten, das Vorhaben möglichst rasch zu beenden. Doch mittlerweile sah wieder alles anders aus, denn es war anzunehmen, dass die RAF die innere Sicherheit der Bundesrepublik weiterhin bedrohen werde. Oberstes Ziel der so genannten zweiten Generation der RAF war es 1977, ihre in Stuttgart-Stammheim einsitzenden Gesinnungsgenossen um Andreas Baader zu befreien. Die Ende November 1976 bei der Festnahme von Siegfried Haag und Roland Mayer sichergestellten Unterlagen wiesen bereits darauf hin. Die Entlassung von Brigitte Mohnhaupt aus der Haft am 8. Februar 1977 wirkte wie ein Auftakt zur „Offensive '77" der RAF[49]. Diese Vorboten des „Deutschen Herbsts" brachten eine Intensivierung der Beziehungen der Bundesrepublik zu Libyen mit sich.

Vom 3. bis 6. Januar 1977 hielt sich eine Delegation des Bundesinnenministeriums in Libyen auf, die kurzfristig von Belgassem empfangen wurde, der mittlerweile als Staatssekretär im Innenministerium fungierte. Die Reise diente vor allem einer „Überprüfung der Maßnahmen der libyschen Seite auf dem Gebiet der Luftsicherheit", und hierbei an erster Stelle der „Maßnahmen zur Sicherung der Flüge der Deutschen Lufthansa". Eine Flugzeugentführung mit dem Ziel, Häftlinge freizupressen, war zweifellos ein zu erwartender terroristischer Akt, dem unbedingt vorgebeugt werden musste. Belgassem versicherte, die libysche Regierung sei sich ihrer „besonderen Verantwortung" bewusst. Der Staatssekretär kam daraufhin auf das bisherige Zusammenwirken der Polizeiapparate zu sprechen. Der Leiter der deutschen Delegation, Gerhard von Loewenich, erklärte, die Bundesrepublik sei „zur Fortsetzung dieser Kooperation bereit". Ferner gab er bekannt, dass einem Besuch des Vizepräsidenten des BKA, Heinl, in Tripolis nichts mehr entgegenstehe[50]. Die Botschaft in Tripolis unterstützte diese

---
[49] Vgl. Butz Peters, Tödlicher Irrtum. Die Geschichte der RAF, Berlin 2004, S. 371–378.
[50] PA/AA, B 36, Ref. 311, Bd. 119934, Aufzeichnung von Ministerialdirigent Gerhard von Loewenich, Bundesinnenministerium, vom 7.1.1977.

62 Intensivierung der Beziehungen

Linie voll und ganz, doch Heinls Reise verzögerte sich. Botschafter Werner berichtete Ende März 1977, Belgassem, der kurz zuvor Innenminister geworden war, fühle sich „düpiert", weil Heinl noch immer nicht nach Libyen gekommen sei. Er empfahl dringend, den Vizepräsidenten des BKA und den Staatsminister im Kanzleramt, Hans-Jürgen Wischnewski, nach Tripolis zu entsenden: „So schön es wäre, Politik und Geschäft zu trennen: In der arabischen Welt ist dies auf die Dauer nicht möglich."[51]

Heinl besuchte Tripolis vom 7. bis 11. Juli 1977. Seine Delegation wurde sehr freundlich und hochrangig empfangen. Neben Innenminister Belgassem lud auch der Vorsitzende des Allgemeinen Volkskomitees Abdel Ati al-Obeidi, also der libysche Regierungschef, zu einem längeren Gespräch. Die Bevölkerung konnte sich in den libyschen Medien ausführlich über diese Reise informieren, wie der neue Botschafter der Bundesrepublik in Tripolis, Oskar Maria Neubert, berichtete[52]. Im Vordergrund der Gespräche stand die Bekämpfung des Terrorismus. In diesem Zusammenhang versicherte Belgassem, die Grenze für Gewalttakte sei dort zu ziehen, „wo Unschuldige als Opfer einbezogen würden". Das galte insbesondere für Flugzeugentführungen. Dann brachte er viele Wünsche vor, zu denen die Ausbildung von acht Polizeiangehörigen in der Suche nach Sprengkörpern, die kriminaltechnische Ausbildung von zehn Polizisten in der Bundesrepublik und die Lieferung von technischem Gerät für den Objektschutz gehörten[53]. Diese Wünsche wurden später geflissentlich erfüllt. Im Februar 1979 lief die Ausbildung von 28 libyschen Polizisten in der Bundesrepublik an. Nach einer mehrmonatigen Sprachausbildung im Goethe-Institut folgte eine fachliche Schulung in unterschiedlichen Sparten der Kriminaltechnik, etwa im Aufsuchen und Entschärfen von Sprengkörpern[54]. Außerdem wurde ein Beamter des BKA für sechs Wochen nach Tripolis geschickt, um 25 libysche Polizeibeamte auf dem Gebiet des Personen- und Begleitschutzes auszubilden[55].

---

[51] PA/AA, AV Tripolis, Bd. 4386, Fernschreiben 125 von Botschafter Werner vom 31.3.1977.

[52] PA/AA, B 36, Ref. 311, Bd. 119932, Fernschreiben 258 von Botschafter Neubert vom 14.7.1977.

[53] PA/AA, B 36, Ref. 311, Bd. 119932, Aufzeichnung des Referats „Öffentliche Sicherheit 7" im Bundesinnenministerium vom 12.7.1977.

[54] PA/AA, B 36, Ref. 311, Bd. 119934, Schreiben von Staatssekretär Fröhlich, Bundesinnenministerium, an den Staatssekretär des Auswärtigen Amts, Günther van Well, vom 14.3.1979; B 36, Ref. 311, Bd. 137685, Schreiben des Bundesinnenministeriums an das Auswärtige Amt vom 18.8.1981.

[55] PA/AA, AV Tripolis, Bd. 13857, Fernschreiben 4515 des Bundesinnenministeriums an das Auswärtige Amt vom 21.3.1979.

Das bilaterale do ut des verlief jedoch nicht reibungslos. Die libysche Seite erkannte die offenen Flanken der Bundesrepublik in aller Klarheit und beabsichtigte, daraus noch größeren Nutzen zu ziehen. Hilfsangebote und Erpressungsversuche stellten dabei zwei Seiten derselben Medaille dar. Kurz bevor Heinl nach Tripolis abreiste, wurde die Bundesrepublik auf der Tagung der Außenminister beziehungsweise auf der Konferenz der Staats- und Regierungschefs der OAE-Mitgliedstaaten Ende Juni/Anfang Juli 1977 in Libreville wegen ihrer angeblichen nuklearen und militärischen Kooperation mit Südafrika verurteilt. Als „Hauptscharfmacher" erwies sich Libyen in Gestalt seines Außenministers Ali al-Treiki[56]. Die libyschen Motive waren vielfältig. Es ging darum, die Isolierung des Landes auf dem afrikanischen Kontinent durch Unterstützung der so genannten Frontstaaten im südlichen Afrika – Angola, Botswana, Mosambik, Sambia und Tansania – zu überwinden und sich in der OAE zu profilieren. Mit Blick auf die Bundesrepublik wollte die libysche Führung nach fast achtjähriger Herrschaft Gaddafis einen Ausbau der politischen Beziehungen erzwingen. Gaddafi fühlte sich von Bonn „politisch nicht genügend ästimiert"[57].

Diese Kombination aus Zuckerbrot und Peitsche funktionierte insgesamt recht gut, und der Bundesregierung wurden so wiederholt Zugeständnisse abgenötigt. Allerdings bleibt auch festzuhalten, dass die Bundesrepublik zugleich von dieser Entwicklung profitierte. Besonders deutlich zeigte sich das im Herbst 1977, nach der Entführung von Hanns Martin Schleyer am 5. September in Köln und der Entführung der Lufthansa-Maschine „Landshut" am 13. Oktober auf ihrem Weg von Palma de Mallorca nach Frankfurt. Nachdem die in Stuttgart-Stammheim einsitzenden Mitglieder der RAF neben Algerien, dem Irak, dem Südjemen und Vietnam auch Libyen als möglichen Aufnahmestaat genannt hatten, reiste Staatsminister Wischnewski in diese fünf Länder, um ihre Aufnahmebereitschaft zu erkunden und Zeit zu gewinnen. Am 14. September 1977 traf er in Tripolis mit Belgassem zusammen, dessen Kooperationsbereitschaft Wischnewski zufolge „außerordentlich groß" war[58]. Botschafter Neubert konnte jedenfalls folgende

---

[56] PA/AA, B 150, Weisung des Vortragenden Legationsrats I. Klasse Norbert Montfort, Ref. 311, an die Botschaft in Tripolis vom 13.7.1977. Vgl. dazu auch das Fernschreiben 514 von Botschafter Johann Christian Lankes, Addis Abeba, vom 7.7.1977, in: Akten zur Auswärtigen Politik der Bundesrepublik Deutschland 1977, bearb. von Amit Das Gupta u.a., München 2008, Dok. 176, S. 912–916.
[57] PA/AA, B 36, Ref. 311, Bd. 119932, Aufzeichnung von Ministerialdirigent Jesser vom 28.7.1977.
[58] Hans-Jürgen Wischnewski, Mit Leidenschaft und Augenmaß. In Mogadischu und anderswo. Politische Memoiren, München 1989, S. 208. Zu Wischnewskis Aufenthalt

offizielle Erklärung übermitteln: „Libyen werde in keinem Falle – auch dann nicht, wenn Bundesregierung sich unter Druck der Verbrecher genötigt sehen sollte, ausdrücklich darum zu bitten – die Verbrecher aufnehmen."[59]

Die RAF verfolgte 1977 eine doppelte Strategie und zielte auf die Personalisierung ihrer Angriffe ebenso wie auf die Internationalisierung ihres Kampfes. Die eine Variante kam bei den Morden an Generalbundesanwalt Siegfried Buback am 7. April und am Vorstandsvorsitzenden der Dresdner Bank, Jürgen Ponto, am 30. Juli sowie bei der Entführung und Ermordung von Hanns Martin Schleyer zum Tragen. Die andere Variante manifestierte sich in der Zusammenarbeit mit der Popular Front for the Liberation of Palestine – Special Command (PFLP-SC) unter Wadi Haddad. Die Entführung eines Flugzeugs wurde auf Betreiben der Araber gemeinsam geplant, wobei vier palästinensische Terroristen die Durchführung übernahmen[60].

Libyen war für die Aktionen der RAF lediglich indirekt von Bedeutung. Angehörige der RAF hielten sich, im Gegensatz etwa zu Jordanien oder zum Südjemen, offensichtlich nie in Libyen auf. Dass sie jemals unmittelbare finanzielle Zuwendungen aus Tripolis erhielten, ist unbekannt und auch nicht sehr wahrscheinlich, da die RAF in der Regel auf andere Arten der Finanzierung setzte, etwa auf Banküberfälle. Von gewissen ideologischen Berührungspunkten abgesehen, war es vor allem die vielfältige Unterstützung des palästinensischen Widerstands durch Libyen, von der die RAF in der Zeit profitierte, als sie mit der PFLP-SC kooperierte.

Das Entgegenkommen Libyens wurde von der Bundesregierung honoriert, wobei beträchtliche Unterschiede in der Bewertung der libyschen Einstellung zum internationalen Terrorismus zu konstatieren sind. Das Auswärtige Amt nahm an, dass Libyen darin tief verstrickt sei. Man sah das Land als einen „zumindest potentiellen Unterschlupf auch für deutsche Terroristen" an[61]. Trotzdem fand sich dort auch folgende Einschätzung: „Libyen hat seine frühere sympathisierende Haltung zum internationalen

---

in Libyen vgl. auch Tim Geiger, Die „Landshut" in Mogadischu. Das außenpolitische Krisenmanagement der Bundesregierung angesichts der terroristischen Herausforderung 1977, in: VfZ 57 (2009), S. 413–456, hier S. 420f.

[59] PA/AA, B 150, Fernschreiben 354 von Botschafter Neubert vom 18. 9. 1977.

[60] Vgl. Christopher Daase, Die RAF und der internationale Terrorismus. Zur transnationalen Kooperation klandestiner Organisationen, in: Wolfgang Kraushaar (Hrsg.), Die RAF und der linke Terrorismus, Bd. 2, Hamburg 2006, S. 905–929, hier S. 922ff.

[61] PA/AA, B 36, Unterabteilung 31, Bd. 135632, Aufzeichnung des Referats 311 vom 18. 4. 1978 über eine Besprechung im Bundeskanzleramt zum Problem des internationalen Terrorismus.

Terrorismus überzeugend gewandelt und arbeitet jetzt mit dem Bundeskriminalamt bei der Terrorismusbekämpfung zusammen."⁶²

Offensichtlich war die veränderte libysche Taktik nicht hinreichend registriert worden. Um einer ständigen internationalen Verurteilung zu entkommen, gingen die Machthaber in Tripolis Ende der 1970er Jahre dazu über, sich nach außen zurückhaltender zu präsentieren. Aber das war eben nur Fassade. Zudem neigten die Entscheidungsträger in Bonn dazu, die entgegenkommende Haltung Belgassems als für die gesamte libysche Führung repräsentativ zu deuten. Die Annahme, der Innenminister sei eine integre Persönlichkeit und ein ehrlicher Vermittler, mochte stimmen. Von ihm auf andere Akteure zu schließen, war allerdings naiv. Dagegen ließen sich die Amerikaner nicht täuschen. In den seit 1977 jährlich veröffentlichten Berichten des Geheimdiensts CIA über den internationalen Terrorismus hieß es in der Rubrik „State-sponsored International Terrorism" unmissverständlich:

> „The government of Colonel Qadhafi is the most prominent state sponsor of and participant in international terrorism. Despite Qadhafi's repeated public pronouncements that he does not support terrorist groups, there has been a clear and consistent pattern of Libyan aid to almost every major international terrorist group, from the Provisional Irish Republican Army (PIRA) to the Popular Front for the Liberation of Palestine (PFLP). [...] Libya's support for terrorism includes financing for terrorist operations, weapons procurement and supply, the use of training camps and Libyan advisers for guerrilla training, and the use of Libyan diplomatic facilities abroad as support bases for terrorist operations."⁶³

Das zumindest im Falle der RAF untadelige Verhalten der libyschen Regierung führte in der Bundesrepublik zu der Überzeugung, den politischen Dialog ausbauen zu müssen. Zwar hielt man eine „enge politische Zusammenarbeit" kaum für möglich; die Politische Abteilung 3 des Auswärtigen Amts wartete jedoch mit dem Vorschlag auf, Gespräche zwischen den beiden Außenministerien erst auf Direktoren- und dann auf Staatssekretärsebene aufzunehmen. Der Hintergrund war natürlich einmal mehr auch der Wunsch nach einer störungsfreien Entwicklung der wirtschaftlichen Beziehungen. Außenminister Genscher und Staatssekretär Günther van Well stimmten zu⁶⁴. Vom 13. bis 15. Dezember 1977 hielt sich der Beauftragte für Nah- und Mittelostpolitik, Ministerialdirigent Jesser, zu politischen Konsultationen in

---

⁶² PA/AA, B 36, Ref. 311, Bd. 119932, Aufzeichnung von Ministerialdirektor Andreas Meyer-Landrut, Abteilung 3, vom 22.12.1978.
⁶³ Patterns of International Terrorism: 1980. A Research Paper, hrsg. vom National Foreign Assessment Center, Washington 1981, S. 9.
⁶⁴ PA/AA, B 36, Ref. 311, Bd. 119931, Aufzeichnung von Ministerialdirektor Lahn vom 6.9.1977.

Tripolis auf. Es handelte sich um die ersten unmittelbaren Kontakte zwischen den beiden Außenministerien seit dem Besuch von Staatssekretär Frank Ende 1972. Die Gespräche mit mehreren hochrangigen Beamten führten zwar zu „keinen konkreten Ergebnissen"; Jesser wertete seine Reise aber dennoch als vertrauensbildende Maßnahme, „die sich positiv auf unsere bilateralen Beziehungen auswirken könnte"[65]. Der Staatssekretär notierte hinterher: „Die Sache hat sich wirklich gelohnt."[66]

Bei einem anderen Thema blieb die Bundesregierung allerdings unnachgiebig. Eine Übersicht über die Ausfuhr von Kriegswaffen und sonstigen Rüstungsgütern in der zweiten Hälfte der 1970er Jahre belegt, dass keine Exporte nach Libyen erfolgten, die dem Kriegswaffenkontrollgesetz unterlagen. Dagegen wurden nach dem Außenwirtschaftsgesetz genehmigungspflichtige Güter in beträchtlichem Ausmaß geliefert; ihr Wert belief sich zwischen 1976 und 1980 auf über 136 Millionen DM. Davon entfielen auf Funk- und Verschlüsselungsgeräte sowie Fernmeldeanlagen über 102 und auf Radaranlagen über 26 Millionen DM[67]. Auffällig war vor allem der rapide Anstieg innerhalb weniger Jahre: von rund 13 Millionen DM 1978 auf rund 97 Millionen DM 1981[68].

5. Die Begründung der Volks-Jamahiriya, das „Grüne Buch" und die Frage nach den Menschenrechten 1977 bis 1979

Die Bundesrepublik pflegte die traditionell ausgezeichneten wirtschaftlichen Beziehungen zu Libyen und intensivierte den politischen Dialog, der im November 1978 und Juni 1979 in den Reisen der Bundesminister Gerhart Rudolf Baum (FDP) und Hans-Dietrich Genscher nach Tripolis seinen Höhepunkt fand. Dabei wurde kaum berücksichtigt, dass sich die Herrschaft Gaddafis durch massive Willkür und Unterdrückung auszeichnete – ein Kurs, der sich in den 1970er Jahren schrittweise verschärfte.

Was sich in Libyen im Einzelnen ereignete, konnte von den westdeutschen Diplomaten nur mühsam rekonstruiert werden. Der Höhepunkt der

---

[65] Aufzeichnung von Ministerialdirigent Jesser vom 19.12.1977, in: AAPD 1977, Dok. 368, S. 1774–1780, hier S. 1780.
[66] PA/AA, B 36, Ref. 311, Bd. 119931, handschriftlicher Vermerk von Staatssekretär van Well auf einer Aufzeichnung von Ministerialdirigent Jesser vom 20.12.1977.
[67] PA/AA, B 14, Ref. 201, Bd. 125545, Aufzeichnung des Vortragenden Legationsrats I. Klasse Roland Fournes, Ref. 422, vom 6.3.1981.
[68] PA/AA, B 52, Ref. 422, Bd. 124229, Aufzeichnung des Vortragenden Legationsrats I. Klasse Gerhard Henze, Ref. 422, vom 8.12.1981.

Die Begründung der Volks-Jamahiriya 67

Repression war offenbar am 1./2. April 1977 die Hinrichtung von 22 Offizieren in mehreren Kasernen. Die Botschaft in Tripolis teilte dazu mit, die Informationsgewinnung sei besonders schwierig gewesen. Allerdings sah man eine „Schwelle" überschritten, da innenpolitische Gegner bislang offensichtlich nicht hingerichtet worden waren. Es ging Gaddafi wahrscheinlich darum, ein „Exempel zur Disziplinierung der Armee" zu statuieren[69]. Der Hintergrund war ein bereits länger zurückliegender Putschversuch, den mehrere Mitglieder des RKR unter Führung des Wirtschafts- und Planungsministers Umar al-Muhaishi am 5. August 1975 zusammen mit einer Gruppe von Offizieren unternommen hatten, um Gaddafi zu entmachten. Die Motive der Putschisten in den Reihen des RKR – sie entstammten alle dem städtischen Milieu und galten als Vertreter der Mittelklasse – waren vornehmlich wirtschaftspolitischer Art und zielten auf eine Liberalisierung der Ökonomie[70]. Gaddafi reagierte unverzüglich mit einer Reihe von Sozialisierungsgesetzen und der Verstaatlichung fast des gesamten Außenhandels. Machtpolitisch bedeutete der Putsch eine neuerliche Verschiebung zu seinen Gunsten. Der RKR wurde auf fünf Personen verkleinert und trat künftig kaum noch in Erscheinung[71].

Der Aufstand im RKR und im Offizierkorps war nicht der Anlass für die radikale Umgestaltung des politischen Systems, die Gaddafi nun bald vornahm. Die Planungen dafür liefen schon länger, wie die Gründung der Volkskomitees 1973 gezeigt hatte. Der Putschversuch dürfte den Revolutionsführer aber in seinen Ambitionen bestärkt haben. Die Neuordnung sollte – angeblich – ein System direkter Demokratie etablieren, das Gaddafi 1975 in mehreren Reden präsentierte und im ersten Teil seines „Grünen Buchs" Anfang 1976 nochmals ausführlich darstellte. Das „Grüne Buch" hatte den Anspruch, den Völkern den Weg zu weisen, „auf dem sie die Zeitalter der Diktatur durchschreiten und in die Zeitalter der wahren Demokratie eintreten". Gaddafi entwickelte unter der Überschrift „Die Lösung des Demokratieproblems" ein Modell aus Volkskomitees und -kongressen, das er als einziges Mittel der Volksdemokratie pries, während er parlamentarische und Parteiendemokratien heftig angriff: „Die diktatorischen Herrschaftsträger

---

[69] PA/AA, B 36, Ref. 311, Bd. 119931, Fernschreiben 134 von Botschaftsrat Michael Umlauff, Tripolis, vom 12.4.1977.
[70] Vgl. Mattes, Bilanz, S. 25, S. 48 und S. 63; Vandewalle, History, S. 99f. Vandewalle resümierte: „The event marked a political, economic, and ideological breaking point in the politics of revolutionary Libya".
[71] PA/AA, B 36, Ref. 311, Bd. 108811, Schriftbericht 131 von Botschafter Werner vom 20.2.1976.

verschwinden, das Volk wird zum Herrschaftsträger, und das Problem der Demokratie in der Welt ist endgültig gelöst."[72]

Das „Grüne Buch", das mit seinem Titel geschickt auf die Farbe des Propheten Mohammed Bezug nahm, fand naturgemäß bald auch die Aufmerksamkeit der ausländischen Beobachter. In der Botschaft in Tripolis wurde es nach und nach als das wahrgenommen, was es in Wahrheit war: ein die libysche Bevölkerung verhöhnendes Täuschungsmanöver. Anfangs hatten die bundesdeutschen Vertreter vor Ort aber Schwierigkeiten, diese Publikation und ihre politischen Implikationen ernst zu nehmen:

„Wenn […] Wirklichkeit wird, was der Führer der libyschen Revolution, Oberst Gaddafi, am 1. Sept[ember] zum 7. Jahrestag der Revolution verkündete, dann wird Libyen bald als neues Musterland direkter Demokratie dem Schweizer Kanton Appenzell den Rang abgelaufen haben."[73]

Beim „Modell Libyen" handelte es sich nicht um „ein wenig frühe Französische Revolution, ein wenig Räte-Republik", und auch nicht um ein Zeugnis des „idealistischen Engagements" Gaddafis, sondern, in der Tat, um „innenpolitisches Kalkül".

Es ist erstaunlich, wie unterschiedlich das „Grüne Buch" vor allem auch im westlichen Ausland eingeschätzt wurde. Für die einen bot es eine politische und gesellschaftliche Konzeption von wissenschaftlichem Rang, für die anderen ein sinnloses Konglomerat[74]. Das eine Urteil trifft den Kern genauso wenig wie das andere. Die Intentionen Gaddafis waren hauptsächlich taktischer Natur. Seine Abhandlung, die der libyschen Bevölkerung penetrant als eine Art heilige Schrift verkauft wurde, stellte ein Begleitpapier zur völligen Umstrukturierung des politischen Systems dar, das Identität stiften und die eigentlichen Machtverhältnisse verschleiern sollte. Auf einer außerordentlichen Tagung des Allgemeinen Volkskongresses vom 28. Februar bis zum 2. März 1977 in Sebha konnte dieser Umbau abgeschlossen werden, der in einer Erklärung über die Begründung der „Volksherrschaft" in Libyen gip-

---

[72] Dem ersten Teil des „Grünen Buchs" folgten zwei weitere: „Die Lösung des ökonomischen Problems" im November 1977 und „Die soziale Basis der Dritten Universaltheorie" im Juni 1979. Für den deutschen Wortlaut vgl. Heiner Lohmann, Strukturen mythischen Denkens im Grünen Buch Mu'ammar al-Qaḏḏāfīs. Eine kommunikationstheoretische Untersuchung zur Rationalität eines soziozentrischen Weltbildes im Islam mit einer Neuübersetzung des Grünen Buches im Anhang, Münster 2009, S. 408–468, hier S. 421 und S. 423.

[73] PA/AA, B 36, Ref. 311, Bd. 108811, Schriftbericht 56 der Botschaft in Tripolis vom 19.9.1976; die folgenden Zitate finden sich ebenda.

[74] Einen Überblick über die Rezeptionsgeschichte bietet Lohmann, Strukturen, S. 11–37.

felte. Der RKR wurde aufgelöst, Gaddafi übernahm den Vorsitz des Allgemeinen Volkskongresses (AVK), die verbliebenen vier Angehörigen des RKR wurden als dessen Mitglieder bestimmt, darunter Jalloud, der sein Amt als Ministerpräsident abgeben musste. Die Regierung hieß nun Allgemeines Volkskomitee, seine Mitglieder führten die Bezeichnung Sekretär. Aus dem Wirrwarr der Kongresse und Komitees ragte ganz allein ein Mann heraus: Gaddafi, der nicht zuletzt den Namen des libyschen Staates ändern ließ. Das Land hieß jetzt Sozialistische Libysch-Arabische Volks-Jamahiriya, wobei der Begriff Jamahiriya, den Gaddafi aus dem arabischen Wort für Volksmasse(n) (jamâhîr) ableitete, eine Neuschöpfung bildete. Der Begriff musste wegen seiner Originalität, „so wie er ist, in die deutsche Sprache übernommen werden"[75].

Nach einem Monat nahm die Botschaft eine gründliche Wertung vor und konstatierte einen „eindeutige[n] Machtzuwachs für Gaddafi"; er habe den Abstand zu seinen Mitstreitern im ehemaligen RKR noch vergrößert. Libyen zeige sich noch klarer als bisher als „Ein-Mann-Diktatur". Es besitze eine „defekte Verfassung", da die fundamentale Bestimmung fehle, wer Gesetze erlasse[76]. Zwei Jahre später ging Gaddafi den letzten Schritt. Auf einer Sondersitzung des AVK am 1./2. März 1979 vollzog er die „Trennung von Revolution und Staatsgewalt". Künftig widmete sich Gaddafi nur noch der „rein revolutionäre[n] Aufgabe", das heißt, er entledigte sich sämtlicher Staatsämter. Mit diesen Maßnahmen war die Konzentration der Machtbefugnisse in Gaddafis Händen „ebenso vollständig wie deren demokratische Verbrämung"[77]. Seine vier verbliebenen Mitstreiter aus der Zeit des RKR schieden allesamt aus dem Generalsekretariat des AVK aus, behielten oder übernahmen aber wichtige Funktionen im Bereich der inneren und äußeren Sicherheit, mit Ausnahme von Jalloud, der erst einmal zurückgestuft wurde[78].

---

[75] PA/AA, B 36, Ref. 311, Bd. 119931, Schriftbericht 209 von Botschaftsrat Umlauff vom 20.3.1977.
[76] PA/AA, B 36, Ref. 311, Bd. 119931, Schriftbericht 252 von Botschaftsrat Umlauff vom 6.4.1977. Zur Verfassungsentwicklung vgl. Hans-Georg Ebert, Libyen, in: Herbert Baumann/Matthias Ebert (Hrsg.), Die Verfassungen der Mitgliedsländer der Liga der Arabischen Staaten, Berlin 1995, S. 435–451.
[77] PA/AA, B 36, Ref. 311, Bd. 119931, Fernschreiben 72 von Botschafter Neubert vom 10.3.1979.
[78] Zur Umstrukturierung des politischen Systems in Libyen in der zweiten Hälfte der 1970er Jahre vgl. Badry, Entwicklung, S. 70–85; Mattes, Volksrevolution, S. 482–722; Mattes, Bilanz, S. 48–51; Vandewalle, History, S. 102–104; ferner Hanspeter Mattes, Demokratie und Menschenrechte in Libyen zwischen Ideologie und Pragmatismus 1969–1991, in: Sigrid Faath/Hanspeter Mattes (Hrsg.), Demokratie und Menschen-

Das zwischen 1977 und 1979 etablierte politische System wies weder Ähnlichkeiten mit westlichen Demokratien noch mit staatssozialistischen Regierungsformen auf; es handelte sich um eine Schöpfung sui generis. Die Bewertung der Botschaft in Tripolis, Gaddafis Neuordnung habe „Auswirkungen gehabt wie seinerzeit die Kulturrevolution in China", war sicherlich übertrieben, die vermeintliche „Volksmassenherrschaft" aber ganz ohne Zweifel ein geschickter Schachzug zur Zerschlagung eines traditionellen Herrschaftssystems. Gaddafi erlebte einen „ungeheuren Machtzuwachs"; als intakte Führungsinstrumente verblieben nur noch die Streitkräfte und der Geheimdienst[79]. Als „Führer der Großen Revolution vom 1. September" sollte Gaddafi das Land noch für mehr als drei Jahrzehnte, bis 2011, beherrschen. Die Vielzahl der konkurrierenden kleineren und größeren Entscheidungsträger, die sich gegenseitig lähmten, hatte jedoch auch Schattenseiten. Funktionierende Strukturen im Bereich von Regierung und Verwaltung waren zunächst weniger denn je erkennbar. Das Land befand sich in einer politischen und wirtschaftlichen Krise. Botschafter Neubert war deswegen heilfroh, Tripolis im Oktober 1979 verlassen zu können[80].

Von einschneidender politischer und gesellschaftlicher Bedeutung erwiesen sich nicht zuletzt die auf Betreiben Gaddafis ins Leben gerufenen Revolutionskomitees, die ursprünglich der Mobilisierung des Volks dienen sollten und sich schließlich für etwa ein Jahrzehnt zu einem zentralen Element der Repression in Libyen entwickelten. Unter anderem überwachten sie seit 1979 die Wahlen zu den Führungsgremien der Volkskomitees und Volkskonferenzen. 1980 erhielten sie weitreichende Befugnisse im Justiz- und Sicherheitsbereich einschließlich der Möglichkeit zur gerichtlichen Verfolgung und physischen Vernichtung von „Feinden der Revolution" im In- und Ausland[81].

Die Bundesrepublik war durch den Mord an dem früheren Diplomaten al-Mehdawi im Mai 1980 in Bonn davon unmittelbar betroffen. Es ist deshalb umso erstaunlicher, dass das Thema Menschenrechte in der Berichterstattung der Botschaft in Tripolis lange Zeit so gut wie keine Rolle spielte.

---

rechte in Nordafrika, Hamburg 1992, S. 289–364, hier vor allem S. 297 ff. und S. 306 ff.
[79] PA/AA, B 36, Ref. 311, Bd. 119931, Schriftbericht 532 von Botschaftsrat Wolfgang Erck, Tripolis, vom 20.9.1979.
[80] PA/AA, B 36, Ref. 311, Bd. 119932, Schreiben von Botschafter Neubert an Vortragenden Legationsrat I. Klasse Montfort vom 20.10.1979.
[81] Zur Gründung und Tätigkeit der Revolutionskomitees vgl. Badry, Entwicklung, S. 85–93; Mattes, Demokratie, S. 299–326.

Allerdings handelte es sich hierbei um eine Frage, der die sozial-liberalen Kabinette mit Blick auf die Dritte Welt in den 1970er Jahren insgesamt wenig Beachtung schenkten. Ein erster systematischer Versuch zum „Ausbau unserer Menschenrechtspolitik besonders in den Vereinten Nationen" erfolgte im März 1979 mit der Aufforderung an sämtliche Botschaften in Dritte-Welt-Ländern, über die jeweilige Menschenrechtssituation zu berichten. Es wurde der Wunsch ausgesprochen, deren Menschenrechtsverständnis „näher kennen zu lernen"[82].

Die Botschaft in Tripolis antwortete kurz und knapp: In Libyen sei das Verständnis von Menschenrechten am Koran ausgerichtet. In der Tradition des Islam hätten sie „notfalls übergeordneten Rechtsgütern den Vorrang zu lassen". Beschwerden über Menschenrechtsverletzungen seien weitgehend unbekannt, für Europäer besonders abschreckende Körperstrafen würden nur äußerst zurückhaltend vollzogen, Schläge bei Vernehmungen seien üblich, die Verhältnisse im Strafvollzug alles in allem dennoch „kaum zu beanstanden", schwere Misshandlungen von Gefangenen nicht bekannt[83]. Prinzipiell mussten im Falle Libyens eigene Maßstäbe zugrunde gelegt werden, denn Menschenrechte waren und sind ein „Konzept des ‚Abendlandes', basierend auf christlichen naturrechtlichen Vorstellungen und dem europäischen Humanismus der Renaissance und der Aufklärung", der zunehmend die Freiheit der Individuen zur Richtschnur des gesellschaftlichen Lebens erhob[84]. Parallele Entwicklungen gab es im arabischen Kulturkreis nicht; im Islam bildeten Religion, Staat, Gesellschaft und Rechtssystem viel stärker eine Einheit, und sie tun dies bis heute. Humanität basiert darauf, dass der Koran die Herrschenden zu Barmherzigkeit und Gerechtigkeit gegenüber den Untertanen verpflichtet. Grundrechte wie das Recht auf Leben und körperliche Unversehrtheit, Meinungsfreiheit sowie Glaubens- und Religionsfreiheit unterliegen im Islam grundsätzlich Einschränkungen[85].

Die USA kamen überwiegend zu ähnlichen Resultaten. In den „Country Reports on Human Rights Practices" hieß es während der Präsidentschaft von James Earl Carter etwa hinsichtlich des Gefängnis- und Gerichtswesens:

---

[82] PA/AA, B 30, Ref. 231, Bd. 127919, Runderlass vom 12.3.1979.
[83] PA/AA, B 30, Ref. 231, Bd. 127921, Schriftbericht 261 von Botschafter Neubert vom 30.4.1979.
[84] PA/AA, B 30, Ref. 231, Bd. 127919, Aufzeichnung des Vortragenden Legationsrats Dietrich Lincke, Ref. 231, vom 20.8.1979.
[85] Vgl. Sigrid Faath/Hanspeter Mattes, Demokratie und Menschenrechte im islamischen politischen Denken, in: Faath/Mattes (Hrsg.), Demokratie und Menschenrechte, S. 19–48, hier vor allem S. 36–40.

„Detainees in criminal and security cases reportedly are frequently beaten during interrogation. [...] Some of the penalties imposed by Islamic law, such as the severance of hands for theft and the stoning of adulterers, have not been carried out [...]. Prison conditions are tolerable [...]. While Libya officially declared two years ago that ‚there are currently no political detainees on any charge in its prisons', credible reports suggest that Libyan prisons contain prisoners convicted of political offenses. [...] In security cases, however, access to legal counsel is delayed. Apart from the exceptional cases, virtually all trials accord with recognized legal procedures. [...] The judiciary is insulated from control by the security apparatus, and has dismissed some cases brought to court by the security authorities."[86]

Es bleibt zu berücksichtigen, dass sich die Situation ab 1979/80 mit der verstärkten Aktivität der Revolutionskomitees massiv verschlechterte. Davon abgesehen, nahm das amerikanische Außenministerium im Gegensatz zu den knappen Informationen der bundesdeutschen Botschaft in seinen Menschenrechtsberichten die Grundrechte und Möglichkeiten politischer Partizipation stärker in den Blick. Diese umfassendere Sicht legte ein anderes Urteil nahe. Dazu gehörten etwa erhebliche Beschränkungen der Meinungs- sowie der Vereinigungs- und Versammlungsfreiheit, die konsequente Überwachung der Medien und das Verbot politischer Parteien[87]. Es ist nicht so, dass die westdeutschen Vertreter in Tripolis diese Entwicklung grundsätzlich nicht erkannt hätten. Doch im konkreten Fall war ihr Bericht ein anschauliches Zeugnis für eine Menschenrechtspolitik, die 30 Jahre nach Gründung der Bundesrepublik immer noch in den Kinderschuhen steckte.

Die Zurückhaltung wurde damit erklärt, dass jeder Versuch, das westliche Wertesystem in der Dritten Welt zur Geltung zu bringen, als Eingriff in innere Angelegenheiten, ja als moralischer Imperialismus, aufgefasst würde. In der Beschränkung individueller Rechte ergebe sich eine Interessenkongruenz zwischen den Entwicklungsländern und den Staaten des Ostblocks, so dass auf diesem Feld wenig zu gewinnen sei. Die westliche Welt könnte im ideologischen Ringen zwischen West und Ost um Sympathien in der Dritten Welt dagegen viel leichter mit dem Selbstbestimmungsrecht der Völker punkten[88]. Dass man hier an eine historische Grunderfahrung rühren

---

[86] Country Reports on Human Rights Practices for 1979. Report submitted to the Committee on Foreign Affairs – U. S. House of Representatives – and Committee on Foreign Relations – U. S. Senate – by the Department of State. February 4, 1980, Washington 1980, S. 788f.
[87] Vgl. Badry, Entwicklung, S. 97–105; Mattes, Demokratie, S. 289–364; Geoff Simons, Libya and the West. From Independence to Lockerbie, Oxford 2003, S. 97–120.
[88] PA/AA, B 30, Ref. 231, Bd. 127919, Aufzeichnung des Vortragenden Legationsrats Lincke vom 20.8.1979.

könne, war aber gerade im Falle Libyens ein nur wenig überzeugendes Argument, denn seinen Kampf um Unabhängigkeit hatte der nordafrikanische Staat längst gewonnen. Die libysche Führung musste allenfalls aufpassen, nicht in das Fahrwasser der UdSSR zu geraten.

Der Ansatz der Bundesrepublik orientierte sich an klassischer Macht- und Interessenpolitik. Nach außen folgte das Kabinett Schmidt/Genscher aber anderen Prämissen, und wer folgenden Anspruch erhob, der hätte auch mehr Einsatz zeigen müssen:

„Die Bundesregierung konzipiert die Politik des Schutzes und der Förderung der Menschenrechte als eine weltweite Politik; sie bildet ein Kernstück der internationalen Zusammenarbeit auf der Grundlage der VN-Charta, der Allgemeinen Erklärung der Menschenrechte von 1948 und der VN-Menschenrechtspakte von 1966. Auch für die Länder der Dritten Welt gilt, dass menschenwürdige Lebensbedingungen nur da gewährleistet sind, wo der einzelne die Möglichkeit zu seiner persönlichen Entfaltung in Frieden und Freiheit hat."[89].

6. Bundesrepublik, DDR und UdSSR: der Ost-West-Konflikt und Libyen 1978/79

In den Jahren 1978 und 1979 ging der Kampf zwischen West und Ost um Einfluss in Libyen in eine neue Runde; die deutsch-deutsche Konkurrenz dort und in anderen Staaten der Dritten Welt war ein Teil der Auseinandersetzungen. Dabei entwickelten sich die libysch-sowjetischen Beziehungen aus bundesdeutscher Sicht erfreulich, das heißt, sie verschlechterten sich. Diese Entwicklung deutete sich schon Ende 1976 an, als Gaddafi die UdSSR besuchte. Das am 9. Dezember 1976 herausgegebene Abschlusskommuniqué ließ nach dem üblichen sowjetischen Sprachgebrauch beträchtliche Meinungsverschiedenheiten in politischen Fragen erkennen, vor allem hinsichtlich des Nahost-Konflikts. Die Feststellungen zum bilateralen Verhältnis fielen ziemlich zurückhaltend aus[90].

Dies war für die Bundesrepublik insofern besonders erfreulich, als die sowjetische Afrikapolitik in der zweiten Hälfte der 1970er Jahre zu einem Erfolgsmodell avancierte. Bedeutenden Positionsgewinnen in Angola, Äthiopien und Mosambik standen zwar auch empfindliche Rückschläge in Ägypten oder Somalia gegenüber, doch insgesamt zeigte sich eine Machtentfaltung,

---

[89] PA/AA, B 28, Ref. 212, Bd. 115110, Aufzeichnung des Vortragenden Legationsrats Günter Joetze, Ref. 212, vom 28.4.1977.
[90] PA/AA, B 36, Ref. 311, Bd. 108812, Fernschreiben 4633 des Botschaftsrats I. Klasse Alexander Arnot, Moskau, vom 11.12.1976.

die in dieser Form „außerhalb Europas für Moskau einmalig" war[91]. Für die UdSSR besaß Afrika im globalen Maßstab einen enormen Stellenwert. Daher zielte sie darauf ab, ihren eigenen Einfluss auf diesem Kontinent zu maximieren, das weltweite Kräfteverhältnis zu ihren Gunsten zu verschieben sowie Rohstoff- und Absatzmärkte zu sichern. Die ökonomische Zielsetzung hatte auch eine dezidiert antiwestliche Komponente, konnte doch auf diesem Weg die Rohstoffversorgung der USA und ihrer Verbündeten erschwert werden. Ideologische Gründe spielten dagegen, so zumindest die Einschätzung im Auswärtigen Amt, eine untergeordnete Rolle. Die Instrumente der sowjetischen Afrikapolitik waren vielfältig: Besuchsdiplomatie, Vertragspolitik und – als bedeutendster Faktor – militärische Hilfe, insbesondere in Form von Rüstungsexporten[92].

Die libysche Führung erkannte klar die sowjetischen Intentionen. Gaddafis Haltung zur östlichen Supermacht blieb daher ambivalent. Auf der einen Seite war Libyen auf die Waffenlieferungen aus Moskau angewiesen[93], auf der anderen Seite gehörte es zu Gaddafis obersten Prämissen, die nationale Unabhängigkeit seines Landes zu bewahren und an seinen politischen Vorstellungen keine Abstriche vorzunehmen. Die Auffassung, Gaddafi habe die „von Sadat hinausgeworfenen Sowjets" mit offenen Armen empfangen[94], ist unzutreffend. Die Sowjetunion blieb in Libyen auf Dauer präsent – und dauerhaft ungeliebt. Als sie ihre Waffenlieferungen mit der Auflage verband, ausschließlich sowjetisches Material zu beziehen, reagierte die libysche Führung darauf mit einem Zahlungsstopp, den die Sowjets prompt mit der Einstellung sämtlicher Lieferungen beantworteten. Die Beziehungen zwischen den beiden Staaten befanden sich Mitte 1979 auf einem „Tiefpunkt"[95].

---

[91] PA/AA, B 9, Ref. 02, Bd. 178396, Aufzeichnung des Vortragenden Legationsrats I. Klasse Alfred Kühn, Ref. 213, vom 26.6.1978.

[92] PA/AA, B 38, Ref. 210, Bd. 116409, Aufzeichnung der Referate 210 und 213 vom 12.4.1979.

[93] Nach Angaben aus dem französischen Außenministerium verfügte Libyen Anfang 1977 über ungefähr 5500 bis 6000 Panzerfahrzeuge aus sowjetischer Produktion. Dazu kamen Bomber, Flugzeuge und Raketen. Zudem waren mehr als 1000 sowjetische Spezialisten in Libyen tätig. PA/AA, B 34, Ref. 320, Bd. 125237, Aufzeichnung des Vortragenden Legationsrats I. Klasse Helmut Müller, Ref. 312, vom 20.1.1977.

[94] PA/AA, B 36, Ref. 311, Bd. 119932, Fernschreiben 293 von Botschafter Neubert vom 1.8.1977.

[95] PA/AA, B 150, Fernschreiben 192 von Botschafter Neubert vom 25.6.1979. Vgl. auch P. Edward Haley, Qaddafi and the United States since 1969, New York 1984, S. 56–72; Yehudit Ronen, Qaddafi's Libya in World Politics, Boulder/London 2008, S. 81–94.

Im Gefolge der UdSSR verstärkte auch die DDR ihr afrikapolitisches Engagement in der zweiten Hälfte der 1970er Jahre. Die Gründe, die die Regierung in Ost-Berlin dazu bewogen, waren mannigfaltig. Erstens wollte sie die machtpolitischen Interessen der Sowjetunion unterstützen, was auf eine Verlagerung der Konfrontation zwischen West und Ost auf den afrikanischen Kontinent hinauslief. Zweitens erblickte die DDR-Führung hier die Möglichkeit, eine herausgehobene partnerschaftliche Position an der Seite ihrer Vormacht einnehmen zu können. In ihrer Afrikapolitik ging die Sowjetunion oft arbeitsteilig vor, das heißt, sie wies einzelnen Partnern bestimmte Funktionen zu. Für die DDR hatte dieses Spiel mit verteilten Rollen besonderen Wert, weil sie als Staat mit einem chronischen Legitimitätsdefizit auf diese Weise auch innenpolitisch punkten konnte. Nicht zuletzt konnte sie sich in anderen Bereichen, etwa bei der Gestaltung der innerdeutschen Beziehungen, einen gewissen Freiraum sichern. Drittens waren wirtschaftliche Interessen entscheidend. Es ging um die Sicherung der Rohstoffversorgung und um die Erweiterung der Handelsbeziehungen. So hoffte die DDR, gerade aus Libyen einen größeren Teil ihres Bedarfs an Erdöl decken zu können. Viertens spielte die ideologische und politische Abgrenzung gegenüber der Bundesrepublik nach wie vor eine Rolle, auch wenn der deutschlandpolitische Aspekt seine ehemals überragende Bedeutung mittlerweile verloren hatte. Fünftens war die ideologische Dimension des Klassenkampfs mit den „imperialistischen" Staaten des Westens nicht von der Hand zu weisen; dieser Aspekt trat aber zunehmend hinter realpolitische Erwägungen zurück[96].

So vielfältig wie ihre afrikapolitischen Ziele waren die Mittel, derer sich die DDR bediente, um sie zu verwirklichen: Besuchs- und Reisediplomatie, Vertragspolitik, Beratertätigkeit, „Solidaritätshilfe" für zahllose „Befreiungsbewegungen", militärische Zusammenarbeit, Kapitalhilfe. Außerordentlich wichtig war der zusammen mit anderen Staaten des Warschauer Pakts und Kuba organisierte Einsatz von rund 3000 bis 4000 zivilen und militärischen Beratern für den Aufbau von Polizei- und Sicherheitsapparaten oder für die Kader- und Parteiarbeit. Da direkte Militärhilfe eine Domäne der UdSSR war, beschränkte sich die DDR zumeist auf die Ausbildung von regulären Streitkräften und paramilitärischen Milizen. Bei der Rüstungshilfe spielte Ost-Berlin nur eine Nebenrolle, auch wenn Waffenlieferungen in Einzel-

---

[96] PA/AA, B 38, Ref. 210, Bd. 116409, Aufzeichnung des Vortragenden Legationsrats I. Klasse Hermann Freiherr von Richthofen, Ref. 210, vom 10.7.1978. Vgl. auch Ulf Engel/Hans-Georg Schleicher, Die beiden deutschen Staaten in Afrika: Zwischen Konkurrenz und Koexistenz 1949–1990, Hamburg 1998, S. 104–123; Wentker, Außenpolitik, S. 462–468.

fällen durchaus ins Gewicht fallen konnten, wie das Beispiel Angola zeigt. Die Kapitalhilfe der DDR war wegen ihres beschränkten wirtschaftlichen Leistungsvermögens dagegen kaum wirksam[97]. Alles in allem erschien die DDR neben der Sowjetunion und Kuba als „der sozialistische Staat mit dem wohl größten Engagement in Afrika"[98]. Zuweilen konnte die DDR sogar die Rolle des Juniorpartners abstreifen. Ende der 1950er Jahre unterhielt Ost-Berlin in Afrika keine einzige diplomatische Mission; zwanzig Jahre später pflegte die DDR diplomatische Beziehungen mit 46 von 49 OAE-Mitgliedstaaten. Trotz allem wurden ihrer Afrikapolitik im Auswärtigen Amt mittel- bis langfristig keine großen Erfolgsaussichten beigemessen. Sie sei „punktuell relativ erfolgreich", ihre Mittel seien aber auf die Dauer beschränkt und fragwürdig, weil sich die Politik der Schaffung von Einflusszonen überlebt habe[99].

Was erreichte die Afrikapolitik der DDR in Libyen? Erste Antworten auf diese Frage liefert ein Blick auf die Ergebnisse zweier Staatsbesuche: Im Juni 1978 weilte Gaddafi in Ost-Berlin, und im Februar 1979 reiste der Generalsekretär des Zentralkomitees der SED, Erich Honecker, nach Tripolis. Beachtung verdient in diesem Zusammenhang auch das Engagement von Werner Lamberz, Mitglied des Politbüros und Sonderbotschafter des Zentralkomitees der SED. Lamberz, der ideologische Motive in besonderer Weise mit ökonomischen Interessen verband, verhandelte am 12./13.Dezember 1977 in Libyen mit Gaddafi und Jalloud. Gaddafi erhoffte sich durch eine bevorzugte Behandlung der DDR weitere militärische Unterstützung der Sowjets und sagte daher einen Sofort- und Bargeldkredit in Höhe von rund 100 Millionen Dollar zu. Lamberz bot dafür umfangreiche militärische Ausbildungshilfe an. Schließlich wurde ein Drittlandabkommen geplant, das die Errichtung von Industrieanlagen durch die DDR in arabischen und afrikanischen Staaten in Aussicht stellte, wobei Libyen der Part des Finanziers zufallen sollte[100]. Doch die Projekte verliefen im Sande, und zwar auch des-

---

[97] PA/AA, B 38, Ref. 210, Bd. 116492, Aufzeichnung des Referats 210 vom 21.4.1979.
[98] PA/AA, B 34, Ref. 320, Bd. 125241, Fernschreiben 1255 des Leiters der Ständigen Vertretung in Ost-Berlin, Staatssekretär Günter Gaus, vom 8.12.1977.
[99] PA/AA, B 38, Ref. 210, Bd. 116409, Aufzeichnung von Ministerialdirigent Wilhelm Lücking, Unterabteilung 21, vom 9.2.1979 über seinen Bericht zur Afrikapolitik der DDR vor dem Innerdeutschen Ausschuss des Bundestags am 7.2.1979.
[100] Vgl. Jochen Staadt, „Bruder Gaddafi", Petrodollars und eine Moschee für Leipzig. Die folgenschweren Beziehungen der DDR zu Libyen, in: Zeitschrift des Forschungsverbundes SED-Staat Nr. 23/2008, S. 42–55, hier S. 46–52; Wentker, Außenpolitik, S. 465 f.

halb, weil Lamberz am 6. März 1978 in Libyen unter mysteriösen Umständen bei einem Hubschrauberabsturz ums Leben kam[101].

Nur wenig später drängte die DDR-Führung auf einen Besuch Gaddafis, der dann im Zuge einer Rundreise durch osteuropäische Staaten vom 26. bis 28. Juni 1978 in Ost-Berlin Station machte. Die dabei ausgehandelten Abkommen stellten Rahmenvereinbarungen dar, die erst noch konkretisiert werden mussten. Ganz besonders galt dies für ein Zehn-Jahres-Abkommen über politische, wirtschaftliche und wissenschaftlich-technische Kooperation. Unter einem guten Stern schien diese Übereinkunft nicht zu stehen, denn schon damals hielt die Ständige Vertretung der Bundesrepublik in Ost-Berlin fest, Gaddafi habe bei seinen öffentlichen Auftritten wenig entspannt gewirkt und sich zu Freundlichkeit zwingen müssen[102].

Die Lage klärte sich endgültig, als Honecker am 15./16. Februar 1979 in Libyen weilte. Der Besuch erfolgte im Rahmen einer Afrikareise, die den Generalsekretär mit einer hochrangigen Delegation weiter nach Angola, Sambia und Mosambik führte; im November desselben Jahres folgten Reisen nach Äthiopien und in den Südjemen. Die Verträge über Freundschaft und Zusammenarbeit, welche die DDR mit Angola, Mosambik und Äthiopien schloss, bedeuteten vordergründig einen wichtigen politischen Erfolg. Tatsächlich waren Honeckers Reisen ein Höhe-, aber auch ein Wendepunkt in der überdimensionierten Afrikapolitik der DDR. Die Ständige Vertretung in Ost-Berlin notierte, die DDR-Führung habe damit einen bemerkenswerten Beitrag zur Außenpolitik der Warschauer-Pakt-Staaten geleistet, aber den daraus resultierenden materiellen Forderungen werde sie nicht gewachsen sein[103].

Diese Grenzen der ostdeutschen Afrikapolitik wurden auch bei Honeckers Besuch in Tripolis sichtbar. Allein atmosphärisch lief fast alles schief. Die Begrüßung des Gastes durch Gaddafi am Flugplatz wirkte „peinlich verklemmt", die Delegation aus der DDR erschien wie eine „Riege von Oberlehrern". Honecker fiel es erkennbar schwer, das Wort Jamahiriya korrekt auszusprechen, wie Botschafter Neubert süffisant berichtete. Zudem war

---

[101] Schon kurz nach dem Absturz wurde spekuliert, dass es sich um ein Attentat auf Gaddafi gehandelt haben könnte. Dafür sprach, dass der Absturz wohl nach einer Explosion erfolgte, der Hubschrauber sonst immer zur Verfügung Gaddafis stand und die Besatzung sehr erfahren war. PA/AA, AV Tripolis, Bd. 13840, Fernschreiben 53 von Botschafter Neubert vom 11. 3. 1978.
[102] PA/AA, B 36, Ref. 311, Bd. 119932, Fernschreiben 657 von Staatssekretär Gaus vom 5. 7. 1978.
[103] PA/AA, B 38, Ref. 210, Bd. 116409, Fernschreiben 165 von Staatssekretär Gaus vom 28. 2. 1979.

Gaddafi noch immer über die „onkelhaft wohlwollende Art" der Behandlung ergrimmt, die er in Ost-Berlin 1978 erfahren hatte. Honeckers Libyen-Aufenthalt war auf Betreiben der DDR zustande gekommen und glich einer „Nötigung"[104]. Den Hintergrund bildeten Presseäußerungen Belgassems, der vom 21. bis 29. Januar 1979 in der Bundesrepublik weilte. Der libysche Innenminister wurde dabei mit den Worten zitiert, Gaddafi sei von der DDR enttäuscht und die Mauer unmenschlich. Diese Bemerkungen schreckten Ost-Berlin offenbar auf und führten zu forcierten Planungen für einen Besuch Honeckers in Tripolis. Dessen Resultate waren aber eher bescheiden. Eine Vereinbarung über die weitere Entwicklung der wirtschaftlichen und wissenschaftlich-technischen Kooperation besagte erst einmal nicht viel, und eine Erklärung über den Abschluss eines Freundschaftsvertrags in naher Zukunft bekundete lediglich eine Absicht. Der Vertrag wurde dann auch nie geschlossen, ganz zu schweigen davon, dass sich Libyen auf die Grundsätze der DDR in der Deutschland- und Berlinpolitik hätte verpflichten lassen[105].

Insgesamt zeigte sich ganz deutlich: Der libyschen Führung war ein wirtschaftlich starkes Land wie die Bundesrepublik trotz aller politischen Differenzen weitaus wichtiger als ein Staat mit einer ziemlich schwachen ökonomischen Basis, der in vielen Punkten politische Unterstützung versprach. Dazu kam, dass viele Äußerungen aus Ost-Berlin nichts waren als leere Rhetorik und dass eine wiederholt beschworene Übereinstimmung zwischen Libyen und der DDR in vielen politischen Fragen gar nicht existierte. So gab in der Nahost-Politik ohnehin die UdSSR den Ton an, und da hier die Meinungsverschiedenheiten zwischen Moskau und Tripolis unübersehbar waren, konnte es auch zu keinem Konsens mit der DDR kommen. Die Bundesrepublik entschied das deutsch-deutsche Wettrennen in Tripolis eindeutig für sich. Allerdings waren die Bedingungen für die DDR in Libyen auch ungünstig. Der nordafrikanische Staat war finanziell stark, wirtschaftlich an Großprojekten orientiert, ideologisch auf eine Linie festgelegt, die eine einseitige Anlehnung an den Osten ausschloss, und an Fachkräften interessiert, die auch in der DDR rar waren. Mit einem Satz: Was Tripolis wollte, konnte Ost-Berlin nicht oder nur zu ungünstigen Konditionen liefern.

Es war keine Floskel, wenn Gaddafi den Wunsch nach einem Ausbau der politischen Beziehungen äußerte, als Bundesinnenminister Baum vom 24. bis

---

[104] Fernschreiben 45 von Botschafter Neubert vom 17. 2. 1979, in: AAPD 1979, Dok. 43, S. 194–197, hier S. 195 und S. 197.
[105] PA/AA, B 38, Ref. 210, Bd. 116496, Aufzeichnung des Vortragenden Legationsrats I. Klasse von Richthofen vom 6. 3. 1979.

26. November 1978 Libyen besuchte. Gaddafi, der Baum in einem seiner „fliegende[n] Quartiere" südlich von Misurata empfing, erklärte seinem Gast, dass er „mit dem Kommunismus nichts im Sinne habe". Freimütig räumte er ein, dass die Kooperation mit dem Ostblock „auf reinen Zweckerwägungen (Waffenlieferungen) beruhe". Über Pressemeldungen, die „Ponto-Mörder" versteckten sich in Libyen, konnte er nur laut lachen. Er versicherte, dass er sich wegen einiger Krimineller nicht die wichtigen Beziehungen zur Bundesrepublik verderben lasse[106]. Auch wenn dieses Statement nicht mit einem grundlegenden Wandel der libyschen Position in der Frage des internationalen Terrorismus einherging, wie im Auswärtigen Amt leichtfertig angenommen wurde, entsprach Gaddafis Aussage den Tatsachen. Peter-Jürgen Boock, Sieglinde Hofmann, Brigitte Mohnhaupt und Rolf Clemens Wagner hielten sich zu diesem Zeitpunkt im Südjemen auf[107]. Als Gegenleistung für die Kooperationsbereitschaft Libyens beim Umgang mit der RAF begann im Februar 1979 das schon lange in Aussicht genommene umfassende Ausbildungsprogramm für libysche Polizisten in der Bundesrepublik, das nach erfolgreichen Expertengesprächen vom 20. bis 24. November 1978 im BKA bereits vor dem Besuch Baums in Libyen endgültig auf den Weg gebracht worden war[108].

Im Januar 1979 folgte der Gegenbesuch Belgassems in der Bundesrepublik. Die Politische Abteilung im Auswärtigen Amt schlug vor, auch Genscher solle den Gast aus Nordafrika zu einer Unterredung empfangen. Als Gründe wurden genannt: eine zunehmende Distanz zwischen Tripolis und Moskau, die „libysche Öffnung" zum Westen, gerade zur Bundesrepublik, ein Wandel in der Haltung zum Terrorismusproblem und die Bedeutung Libyens als Erdöllieferant. Belgassem schien nach der Entmachtung Jallouds der „zweitmächtigste Mann in der libyschen Führung" zu sein. Genscher stimmte diesen Empfehlungen zu. Schließlich merkten die Diplomaten an, Gaddafi, der im Oktober 1978 zu einer ärztlichen Behandlung nach Wiesbaden gereist war, habe den Wunsch geäußert, die Bundesrepublik offiziell zu besuchen[109].

---

[106] PA/AA, B 36, Ref. 311, Bd. 119932, Fernschreiben 308 von Botschafter Neubert vom 27.11.1978.
[107] Zum Aufenthalt der vier RAF-Mitglieder im Südjemen vgl. Peters, Tödlicher Irrtum, S. 487–493.
[108] PA/AA, B 36, Ref. 311, Bd. 119934, Schreiben des Bundesinnenministeriums an das Auswärtige Amt vom 19.1.1979 mit Anlagen.
[109] PA/AA, B 36, Ref. 311, Bd. 119932, Aufzeichnung von Ministerialdirektor Meyer-Landrut vom 22.12.1978.

Bei seinem Gespräch mit Genscher am 22. Januar 1979 versicherte der libysche Innenminister eifrig, dass Libyen zwar „Befreiungsbewegungen" wie die PLO unterstütze, nicht aber extreme Splittergruppen. In den Beziehungen zur UdSSR müsse man Handel und Ideologie voneinander trennen. Der Kommunismus richte sich gegen den Islam, und Libyen werde nicht kommunistisch werden. Schließlich übermittelte Belgassem eine Einladung Gaddafis an Genscher, Libyen zu besuchen. Der Außenminister nahm sie sofort an und führte seinerseits aus, dass die Bundesrepublik an stabilen Verhältnissen in der Mittelmeer-Region großes Interesse habe. Sie sei bereit, „die Zusammenarbeit auf allen Bereichen zu intensivieren"[110].

Der von Belgassem vorgetragene Wunsch, die Bundesrepublik möge Libyen bei der Ausrüstung und Ausbildung einer rund 1000 Mann starken Leibgarde für Gaddafi unterstützen, wurde allerdings negativ beschieden. Ministerialdirektor Andreas Meyer-Landrut notierte dazu, eine „Ausdehnung der beginnenden Zusammenarbeit auf den militärischen Bereich" würde das Verhältnis der Bundesrepublik zu Libyens Nachbarn „nachhaltig beeinträchtigen". Ägypten zeigte sich schon besorgt über die deutsch-libysche Kooperation im Polizeibereich. Zudem konnte nicht vorhergesagt werden, wie Gaddafi eine solche Eliteeinheit verwenden würde. Ihr Einsatz in einem Nahost-Krieg gegen Israel war denkbar[111]. Dagegen überlegte man ernsthaft, die bis dato restriktive Praxis im Falle von „Hermes-Deckungszusagen" für Libyen wegen „Verschiebung bilateraler politischer Akzente" zu korrigieren. Mit Blick auf die weitere Entwicklung schien mittlerweile „vorsichtige[r] Optimismus" gerechtfertigt zu sein[112].

So restriktiv war bislang aber gar nicht verfahren worden. Eine Bilanz der Ausfuhrbürgschaften und -garantien ergab folgendes Bild: Ende 1977 hatte sich das Obligo immerhin schon auf 4,1 Milliarden DM summiert. Dann stieg der Wert weiter an. In der zweiten Hälfte des Jahres 1980 lag das Obligo bei 5,9 Milliarden DM; hinzu kamen Grundsatzzusagen in Höhe von rund elf Milliarden DM für Projekte im Verhandlungsstadium. Damit entfielen auf Libyen 4,5 Prozent des Bundesgesamtobligos, so dass das Land in der Statistik hinter Saudi-Arabien, Brasilien, der Sowjetunion, Algerien, dem Iran, Nigeria und Argentinien immerhin an achter Position

---

[110] PA/AA, B 1, Ref. 010, Bd. 178802, Aufzeichnung des Referats 105 vom 25.1.1979.
[111] Aufzeichnung von Ministerialdirektor Meyer-Landrut vom 9.2.1979, in: AAPD 1979, Dok. 35, S. 158ff., hier S. 159.
[112] PA/AA, B 36, Ref. 311, Bd. 119934, Aufzeichnung des Vortragenden Legationsrats I. Klasse Montfort vom 23.3.1979.

rangierte[113]. Das Bundesministerium der Finanzen zeigte sich Mitte 1980 besorgt über diese Zahlen[114].

7. Genscher in Tripolis – Gaddafi in Bonn?

Die positive Entwicklung der bilateralen Beziehungen gipfelte in der Reise von Außenminister Genscher nach Libyen. Die Aufmerksamkeit, die der bundesdeutschen Delegation vom 18. bis 20. Juni 1979 zuteil wurde, ging offenkundig über „großzügige Gastfreundschaft" hinaus. Der Besuch stand im Zeichen „des hier sonst Regierungschefs und Staatsoberhäuptern vorbehaltenen Protokolls", wie Botschafter Neubert informierte[115], und reflektierte die Bedeutung der wirtschaftlichen Beziehungen zwischen der Bundesrepublik und Libyen. Genscher wurde von einer kleinen, aber umso hochrangigeren Delegation aus dem Finanz- und Industriesektor begleitet, der unter anderem Vertreter der Deutschen Bank, der Dresdner Bank, der Commerzbank und der Bank für Gemeinwirtschaft sowie der Firmen Krupp, Deutsche Babcock, Siemens, AEG-Telefunken und VEBA angehörten[116].

Welches Gewicht die libysche Führung dem Besuch des Bundesaußenministers zumaß, zeigte sich auch daran, dass Gaddafi trotz des Todes seiner Mutter Aisha eine geplante Zusammenkunft lediglich vom Nachmittag auf den Vormittag des 19. Juni 1979 verlegte, aber nicht absagte. In der Unterredung ging Gaddafi wenig diplomatisch vor. Er führte heftige Attacken gegen die Vereinigten Staaten, deren Außenpolitik klar gegen die arabischen Interessen gerichtet sei. Die enge Bindung Westdeutschlands an die USA habe die deutsch-libyschen Beziehungen bisher belastet und eine engere Zusammenarbeit verhindert. Verbal kam Genscher dem Gastgeber weit entgegen. Er wünschte sich eine „Staatenordnung ohne Vorherrschaft der Großen"; als Modell pries er die EG, die nicht von den USA dominiert werde. Genscher verurteilte ferner die israelische Siedlungspolitik und die Vorstellung Israels von andauernder Souveränität über die besetzten Gebiete. Die Palästinenser müssten ihr Selbstbestimmungsrecht ausüben können

---

[113] PA/AA, B 52, Ref. 422, Bd. 121338, Aufzeichnung von Ministerialdirigent Werner Ungerer, Unterabteilung 41, vom 29. 9. 1980.
[114] PA/AA, B 52, Ref. 422, Bd. 121338, Schreiben von Staatssekretär Günter Obert, Bundesfinanzministerium, an den Staatssekretär im Auswärtigen Amt, Hans Werner Lautenschlager, vom 22. 7. 1980.
[115] PA/AA, B 1, Ref. 010, Bd. 178812, Fernschreiben 187 von Botschafter Neubert vom 20. 6. 1979.
[116] PA/AA, B 1, Ref. 010, Bd. 178812, Weisung 2966 des Vortragenden Legationsrats I. Klasse Montfort an die Botschaft in Tripolis vom 15. 6. 1979.

und ein Heimatland besitzen. Gaddafis Bemerkung, dass „auf Deutschland eine ungerechte Hegemonie laste", fand ebenfalls Genschers Zustimmung[117]. Dem Minister gelang es auf diese Weise geschickt, Gaddafis Emotionen und Unbeherrschtheiten einzufangen.

Gefühlsbetont wie eh und je gab sich auch Jalloud, der als Berater Gaddafis galt, im Gespräch mit Genscher am selben Tag. Jalloud beschwerte sich, dass die bilateralen Beziehungen nur geschäftlicher, wirtschaftlicher Art seien, doch keinen politischen Charakter hätten. Wenn die USA und die westeuropäischen Staaten die Rolle Libyens als Staat zwischen den Machtblöcken nicht honorierten, könnte die Führung in Tripolis gezwungen sein, „selbst mit dem Teufel" – also mit der UdSSR – zu paktieren. Genscher ließ sich davon nicht beeindrucken und versicherte, in einen „umfassenden politischen Dialog" eintreten zu wollen[118].

Unter dem Strich blieb Genschers Reise ohne spektakuläre Resultate. Die Wirtschaftsbeziehungen waren ohnehin hervorragend; sie konnten sogar noch ausgebaut werden, wie sich am Ende der sozial-liberalen Koalition 1982 zeigte. Die Bedeutung dieses Besuchs lag vielmehr in seiner Symbolik. Erstmals hatte ein Außenminister der Bundesrepublik eine Reise nach Tripolis unternommen und Konsultationen gepflegt, die politische Differenzen zwar nicht grundlegend beseitigten, sie aber für den Moment verringerten. Es war richtig, mit der libyschen Führung auf hoher Ebene direkt in Kontakt zu treten und Gaddafi das Gefühl zu geben, ein gleichrangiger Partner zu sein, um im Konfliktfall eine vernünftige Grundlage für Verhandlungen zu besitzen. Jedoch glich das Unternehmen, daran konnte es keinen Zweifel geben, immer auch einem Drahtseilakt ohne Netz und doppelten Boden.

Bei den Gesprächen Genschers mit Außenminister al-Treiki wurde auch die Frage eines Staatsbesuchs Gaddafis in der Bundesrepublik erörtert. Genscher wiegelte ab und wies darauf hin, dass der neue Bundespräsident, Karl Carstens (CDU), erst zum 1. Juli 1979 sein Amt antrete und nicht ohne Einarbeitung einen so hohen Gast empfangen könne. Intern äußerte er sich unverblümt: Ein solcher Besuch käme augenblicklich „überhaupt nicht in Frage". Mit seinem Aufenthalt in Tripolis sei Libyen zunächst „abgehakt". Gaddafis „Insistenz", nichtsdestotrotz in die Bundesrepublik zu reisen, dürfe aber nicht unterschätzt werden, vermerkte Norbert Montfort, der Leiter des

---

[117] Aufzeichnung des Beauftragten für Nah- und Mittelostpolitik im Auswärtigen Amt, Ministerialdirigent Hans-Joachim Hille, vom 20.6.1979 über das Gespräch am Vortag in Tripolis, in: AAPD 1979, Dok. 180, S. 866–871, hier S. 867 und S. 869.
[118] PA/AA, B 1, Ref. 010, Bd. 178802, Aufzeichnung von Ministerialdirigent Hille vom 21.6.1979 über das Gespräch am 19.6.1979 in Tripolis.

Referats 311 im Auswärtigen Amt. In arabischen Ländern gehe er so weit, dass seine Maschine plötzlich ohne Überflug- und Landegenehmigung über dem Flughafen kreise, um seinen Besuch zu erzwingen[119]. Montfort war es auch, der trotz möglicher negativer Reaktionen der Öffentlichkeit im Einvernehmen mit dem zuständigen Abteilungsleiter Meyer-Landrut auf einen offiziellen Besuch Gaddafis noch 1979 drängte. Die Bundesrepublik müsse zur Mäßigung der libyschen Führung beitragen, und sie könne sich einem engeren Dialog auch angesichts der wirtschaftlichen Bedeutung des ölreichen Staates nicht verschließen[120].

Genscher blieb seiner Linie treu, 1979, also in zeitlicher Nähe zu seiner Reise nach Tripolis, keinen Termin mehr anzubieten, denn dies hätte leicht als Ausdruck einer ganz besonderen Qualität in den bilateralen politischen Beziehungen gedeutet werden können. Unter diesen Umständen gingen die Beamten der Abteilung 3 dazu über, für das Folgejahr einen möglichst frühen Termin in Aussicht zu nehmen, und schlugen den 11. bis 15. Februar 1980 vor[121]. Genscher und Bundeskanzler Schmidt stimmten Mitte Januar 1980 prinzipiell zu, wobei sie eine Einladung Gaddafis unter den Vorbehalt vorheriger Abstimmung mit den USA stellten.

Der Besuch Gaddafis wurde schließlich für März 1980 geplant[122], was wegen der zunehmenden Spannungen zwischen den USA und Libyen überraschend kam. Bereits im Mai 1978 hatte Präsident Carter Sanktionen gegen das Land verhängt und die Ausfuhr von Waffen verboten, weil Libyen den internationalen Terrorismus unterstütze[123]. Die Beziehungen verschlechterten sich weiter, als am 2. Dezember 1979 die Botschaft der USA in Tripolis in Brand gesetzt wurde, die seit dem Abzug von Botschafter Joseph Palmer im November 1972 nur noch unter der Leitung von Geschäftsträgern

---

[119] PA/AA, B 36, Ref. 311, Bd. 119931, Vermerk des Vortragenden Legationsrats I. Klasse Montfort vom 27.6.1979.

[120] PA/AA, B 36, Ref. 311, Bd. 119931, Aufzeichnung des Vortragenden Legationsrats I. Klasse Montfort vom 6.9.1979.

[121] PA/AA, B 36, Ref. 311, Bd. 119931, Vermerk des Referats 311 vom 28.11.1979, der von Ministerialdirigent Montfort und von Ministerialdirektor Meyer-Landrut mitgezeichnet wurde.

[122] Vgl. die Anlage zur Aufzeichnung von Ministerialdirektor Meyer-Landrut vom 7.8.1980, in: Akten zur Auswärtigen Politik der Bundesrepublik Deutschland 1980, bearb. von Tim Geiger, Amit Das Gupta und Tim Szatkowski, München 2011, Dok. 227, S. 1202–1205, hier S. 1203.

[123] Vgl. den Überblick bei Almut Hinz, Die Sanktionen gegen Libyen. Sanktionen im modernen Völkerrecht und in der Staatenpraxis sowie ihre Anwendung am Beispiel Libyen, Frankfurt a. M. u. a. 2005, S. 461.

stand. Über die Motive, die Schmidt und Genscher dazu bewogen, Gaddafi einzuladen, schweigen sich die Quellen aus. Augenscheinlich verfolgten sie eine Interessenpolitik unter Missachtung amerikanischer Anliegen – eine Politik, die sie vermutlich mit der regelmäßig artikulierten Hoffnung verbanden, auf ihren Gast mäßigend einwirken zu können. Zudem dürfte nach dem Einmarsch sowjetischer Truppen in Afghanistan am 24. Dezember 1979 die Absicht eine erhebliche Rolle gespielt haben, in der neuerlich entflammten Ost-West-Konfrontation ein Zeichen zu setzen und Libyen als Partner des Westens zu erhalten. Schmidt – ein Regierungschef, der stark in sicherheitspolitischen Kategorien dachte – gab sein Einverständnis wohl gerade, weil die UdSSR erstmals in einem blockfreien Land militärisch interveniert hatte, obwohl er zuvor eher als Gegner eines Gaddafi-Besuchs galt[124]. Sicherlich spielten auch wirtschaftliche Gründe eine wichtige Rolle – ein Argument, dem sich der Kanzler nicht entziehen konnte.

Überraschend kam die Entscheidung für eine Einladung nicht nur wegen der amerikanisch-libyschen Konfrontation, sondern auch, weil sich schon seit längerem eine expansive Politik Libyens gegenüber seinem Nachbarstaat Tschad abzeichnete. Bereits 1973 waren Gaddafis Truppen in den rohstoffreichen Aouzou-Streifen an der Grenze zwischen beiden Ländern einmarschiert, der seitdem als annektiert galt. Libyen unterstützte im Tschad vor den Augen der Weltöffentlichkeit völkerrechtswidrig, in massiver Form und ungehindert mehrere regierungsfeindliche Widerstandsgruppen – mit welchem Endziel auch immer: sei es die Schaffung eines abhängigen Staates, sei es die Annexion weiterer Gebiete, sei es die völlige Einnahme des Tschad, um den eigenen Herrschaftsraum zu erweitern[125].

Allerdings wurde die Einladung kurze Zeit später, am 6. Februar 1980, zurückgestellt, und zwar nach einem Anschlag auf die französische Botschaft in Tripolis zwei Tage zuvor und einem offenkundig von Libyen unterstützten Aufstand in der tunesischen Stadt Gafsa am 27. Januar, der das Ziel hatte, Präsident Bourguiba zu stürzen. Diese Entscheidung offenbarte, wie unsicher die Bundesregierung war, als es galt, das Pro und Contra eines Gaddafi-Besuchs abzuwägen. Das libysche Volksbüro in Bonn, wie sich die Botschaft nun nannte, und die amtlichen Stellen in Tripolis reagierten heftig. Um angedrohten ernsthaften Konsequenzen zu entgehen, ließ das Aus-

---

[124] Vgl. Der Spiegel vom 25.6.1979: „Nur Windiges"; der Artikel beschäftigte sich mit der Reise Genschers nach Tripolis.
[125] PA/AA, B 150, Weisung 4074 des Vortragenden Legationsrats I. Klasse Alfred Vestring, Ref. 321, an die Botschaft in Paris vom 16.8.1979. Zum Konflikt zwischen Libyen und dem Tschad vgl. Ronen, Libya, S. 157–179; Simons, Libya, S. 47–81.

wärtige Amt am 3. März in einer Verbalnote an die libysche Vertretung mitteilen, dass die Bundesregierung eine Einladung Gaddafis weiterhin erwäge und prüfe, wann ein Besuch in Frage komme[126].

---

[126] Vgl. die Anlage zur Aufzeichnung von Ministerialdirektor Meyer-Landrut vom 7. 8. 1980, in: AAPD 1980, S. 1203f.

IV. Die große Krise – und die Rückkehr zur „Politik der Kontakte und der Ermutigung" 1980 bis 1982

1. Erpressung, Gewalt – und Gaddafi ante portas

Gaddafi war nun jedes Mittel recht, um einen Besuch in Bonn gleichsam zu erzwingen. Am 27. Februar und am 5. März 1980 wurden sechs deutsche Geologen mit ihren drei ausländischen Begleitern im Grenzgebiet zwischen Libyen, Ägypten und dem Sudan durch libysches Militär festgesetzt. Bei den Geologen handelte es sich um Mitarbeiter der Freien Universität Berlin, der Justus-Liebig-Universität Gießen und der Deutschen Forschungsgemeinschaft. Ihre Aufgabe bestand darin, die unbekannten geologischen Begebenheiten im nordwestlichen Sudan zu erforschen. Verhaftet wurden sie, weil man ihnen vorwarf, sie hätten eine Grenzverletzung begangen und Sperrgebiet in Libyen betreten. Alle Geologen und ihre Begleiter wurden nach Tripolis geflogen und in einem Hotel untergebracht, in dem sie sich anfangs noch recht frei bewegen konnten[1].

Alle Bemühungen der Botschaft in Tripolis, die Freilassung der Inhaftierten zu erreichen, scheiterten. Die Hinweise auf den rein wissenschaftlichen Charakter des Unternehmens und die Beteuerungen, dass sie libysches Territorium nicht betreten hätten, blieben ungehört. Die Angehörigen der Geologen wurden immer unruhiger. In einem eindringlichen Brief teilten sie Genscher Mitte April 1980 ihr „tiefes Gefühl der Enttäuschung und Entrüstung" mit[2]. Am 5. Mai brach schließlich der Vizepräsident des BKA, Günter Ermisch, zu einer Reise nach Libyen auf[3], die jedoch ohne Ergebnis blieb. Ansprechpartner auf libyscher Seite war einmal mehr Belgassem, der im Frühjahr 1979 „Chef der nationalen Sicherheitsbehörde" geworden war, zu der auch der militärische Abschirmdienst gehörte[4]. Bald schon verstärkte sich der Eindruck, dass Gaddafi die festgesetzten Geologen, die

---

[1] PA/AA, B 83, Ref. 511, Bd. 1697, Aufzeichnung von Professor Eberhard Klitzsch, Fachbereich Bergbau und Geowissenschaften der Technischen Universität Berlin, vom 9.6.1980.
[2] PA/AA, B 83, Ref. 511, Bd. 1696, Schreiben der Angehörigen der Geologen an Genscher vom 17.4.1980.
[3] PA/AA, B 36, Ref. 311, Bd. 137638, Vermerk des Referats 511 vom 7.5.1980.
[4] PA/AA, AV Tripolis, Bd. 13843, Fernschreiben 67 von Botschafter Neubert vom 8.3.1979.

seit Mitte Mai 1980 unter strengem Hausarrest standen und keine Botschaftsvertreter mehr empfangen durften, als Faustpfand gegen die Bundesregierung einsetzen wollte[5]. Ein solches Vorgehen entsprach genau seiner Interessenlage, wie Andreas Meyer-Landrut vermerkte. Der Ministerialdirektor empfahl, das Problem durch „geduldiges Insistieren" zu lösen[6]. Es war jedoch strittig, wie man am besten vorgehen sollte. Nachdem Belgassem offenbar den ihm zugeschriebenen Einfluss nicht oder nicht mehr besaß, wurde auch die Entsendung einer hochrangigen Persönlichkeit erwogen[7].

Unterdessen setzte Gaddafi eine Mordserie im Ausland in Gang, die er in mehreren Reden ankündigte. Botschafter Held informierte Anfang Mai 1980, Gaddafi, der sich innen- wie außenpolitisch isoliert sehe, werde immer unberechenbarer. Er habe sämtliche „Regimeflüchtigen" zur Rückkehr nach Libyen bis zum 11. Juni aufgefordert. Sollten sie dem Aufruf nicht Folge leisten, werde er sie im Ausland liquidieren lassen[8]. Die Botschaft führte die Mordkampagne nicht zuletzt auf die Tatsache zurück, dass das Land dringend Fachkräfte brauchte. Libyer, die auf Staatskosten im Ausland studiert hätten, verspürten zumeist wenig Neigung, in die Heimat zurückzukehren. Die Drohungen sollten sie also einschüchtern und zur Rückkehr bewegen. Zudem nahm man an, dass es sich um ein Ablenkungsmanöver handelte. Gaddafis enorme Machtausdehnung im Zuge der angeblichen Volksherrschaft stieß auf Widerstand, der sich jedoch weder richtig organisieren noch artikulieren konnte. Zugleich wuchs die Unzufriedenheit in der Bevölkerung, die unter Versorgungsschwierigkeiten litt. Dazu kamen einschneidende Maßnahmen zur Sozialisierung, die sich in der Einführung der betrieblichen „Selbstverwaltung", in der Abschaffung des privaten Handels und auf dem Immobiliensektor manifestierten[9]. Libyen war mittlerweile, von wenigen Ausnahmen abgesehen, ein „Staatshandelsland"[10].

---

[5] PA/AA, B 150, Fernschreiben 160 von Botschafter Held vom 13.5.1980.
[6] PA/AA, B 36, Ref. 311, Bd. 137640, Vermerk von Ministerialdirektor Meyer-Landrut vom 23.5.1980.
[7] PA/AA, B 83, Ref. 511, Bd. 1696, Aufzeichnung von Ministerialdirigent Paul Verbeek, Abteilung 5, vom 23.5.1980.
[8] PA/AA, B 150, Fernschreiben 149 von Botschafter Held vom 4.5.1980.
[9] PA/AA, B 1, Ref. 010, Bd. 178802, Aufzeichnung des Referats 311 vom 3.6.1980; zur Einführung einer neuen Wirtschaftsordnung in Libyen vgl. Badry, Entwicklung, S. 162–174.
[10] PA/AA, B 52, Ref. 422, Bd. 121338, Schriftbericht 350 von Botschafter Held vom 29.6.1980.

Außenpolitisch fühlte sich Gaddafi nicht nur angesichts des zunehmenden Drucks aus den USA in die Ecke getrieben. Das massive militärische Eingreifen Libyens zugunsten Idi Amins 1978/79 im Krieg zwischen Uganda und Tansania, der im April 1979 mit dem Sturz Amins entschieden wurde, hatte sich als Fehlschlag erwiesen[11]. Im nördlichen Afrika besaß Gaddafi keinen Bündnispartner mehr. Das Ziel eines „Großsaharastaats" unter seiner Herrschaft kollidierte mit den Interessen aller Nachbarländer. Die Beziehungen zu Ägypten waren zerrüttet, die zu Tunesien belastet und diejenigen zum Sudan unter Präsident Gaafar Numeiri latent gespannt, weil sich die Sudanesen politisch und wirtschaftlich sehr eng an Ägypten anlehnten. Algerien unter Präsident Chadli Bendjedid stieg zum bedeutendsten Gegenspieler um die Dominanz im nordafrikanischen Raum auf. Die langjährige libysche Unterstützung der Befreiungsbewegung „Frente Polisario" in der westlichen Sahara verstärkte zudem den Konflikt mit dem konservativen Königreich Marokko[12]. Niger, Mali und Mauretanien versuchten, sich gegen Umsturzpläne zur Wehr zu setzen, die insoweit eine akute Gefahr bildeten, als Gaddafi einige tausend junge Männer aus diesen drei Staaten in Libyen ausbilden und indoktrinieren ließ. Zudem unterstützte er nomadisierende Tuareg gegen die dortigen Regierungen[13].

Die außenpolitische Isolierung war eine der Ursachen für Gaddafis Mordserie, die am 10. Mai 1980 auch die Bundesrepublik erreichte. An diesem Tag wurde in Bonn ein früherer Angehöriger der libyschen Botschaft, Omran al-Mehdawi, erschossen. Der Täter, der Libyer Ehmida Bashir Ehmida, war am 25. April von Tripolis aus in die Bundesrepublik eingereist[14]. Botschafter Held teilte eine Woche später mit, dass nach dem 11. Juni 1980 mit einer „Häufung von Anschlägen" gerechnet werden müsse. Bedroht waren vor allem libysche Studenten, die auf eigene oder auf Staatskosten in der Bundesrepublik studierten, und Libyer, die deutsche Frauen geheiratet und in Westdeutschland eine neue Heimat gefunden hatten[15].

---

[11] Zu den Beziehungen zwischen Libyen und Uganda in den 1970er Jahren vgl. Ronen, Libya, S. 145–156.

[12] PA/AA, B 36, Ref. 311, Bd. 137639, Schriftbericht 395 von Botschafter Held vom 21.7.1980.

[13] PA/AA, B 36, Ref. 311, Bd. 137686, Fernschreiben 126 von Botschafter Gerd Berendonck, Algier, vom 5.3.1981. Zum Verhältnis Libyens zu seinen unmittelbaren Nachbarn sowie zu Mali, Marokko und Mauretanien vgl. Clam/Hubel, Krise, S. 35–83. Noch in jüngster Vergangenheit zeigten sich die Nachwirkungen dieser Politik, als Tuareg am 6.4.2012 im Norden Malis den Staat Azawad ausriefen.

[14] PA/AA, B 36, Ref. 311, Bd. 137640, Fernschreiben 172 des Bundesinnenministeriums an das Auswärtige Amt vom 10.5.1980.

[15] PA/AA, B 150, Fernschreiben 176 von Botschafter Held vom 18.5.1980.

Allen Warnungen zum Trotz blieb die Bundesrepublik von weiteren Anschlägen verschont. Besorgniserregend war die Lage trotzdem, wie ein Informationsaustausch zwischen Botschaftsvertretern der Bundesrepublik, Großbritanniens und Italiens in Tripolis ergab. Demnach waren in Großbritannien bis Mitte Mai zwei Morde und mehrere Anschläge auf Auslandslibyer verübt worden. In Libyen hatten die Sicherheitsbehörden mehrere britische Staatsbürger verhaftet und bei Verhören misshandelt. Es ergab sich der Verdacht, dass sie als Geiseln festgehalten wurden, um sie gegen inhaftierte Mörder austauschen zu können. In Italien waren mittlerweile drei Morde geschehen. Trotzdem erhob die Regierung in Rom nur zurückhaltenden Protest, um eine Gefährdung der italienischen Kolonie in Libyen zu verhindern, die zahlenmäßig wieder stark zugenommen hatte. In den USA hatte es bislang keine Morde gegeben, aber Mitglieder des libyschen Volksbüros in Washington hatten dort Auslandslibyer bedroht. Diese Botschaftsangehörigen wurden zügig ausgewiesen, was die libysche Seite mit der Ausweisung von Amerikanern beantwortete. Das restliche Personal ihrer Botschaft in Tripolis hatten die USA schon zuvor abgezogen[16].

Ob es in der Bundesrepublik noch zu weiteren Angriffen kommen würde, war zunächst nicht absehbar. Die Libyer verstanden es in dieser Situation geschickt, den Druck beträchtlich zu erhöhen, wie Botschafter Held bei einer Unterredung mit dem Leiter des Büros für Auswärtige Angelegenheiten beim Allgemeinen Volkskongress erfahren musste. Ahmed Shehati teilte dem Botschafter mit, die Bundesrepublik habe sämtliche libyschen Regimegegner auszuweisen, auszuliefern oder deren Liquidierung auf Bundesgebiet zu dulden. Sollte dies nicht der Fall sein, würden Gegenmaßnahmen „im politischen, wirtschaftlichen sowie persönlichen Bereich" eingeleitet, wobei Shehati eigens die in Libyen befindlichen Deutschen erwähnte. Held rechnete unter diesen Umständen mit einem Abbruch der diplomatischen Beziehungen, wobei inhaftierte Deutsche als „Geiseln" hätten zurückbleiben müssen[17]. Im Auswärtigen Amt wurde deshalb erwogen, den Angehörigen der Botschaftsvertreter und anderen Bundesbürgern, die in Libyen arbeiteten, das Verlassen des Landes nahe zu legen[18]. Held teilte dazu mit, derartige Sicherheitsmaßnahmen seien gegenwärtig nicht zu empfehlen, denn man müsse befürchten, dass leitende Unternehmensvertreter in den Fokus geraten, die

---

[16] PA/AA, B 150, Fernschreiben 162 von Botschafter Held vom 14.5.1980.
[17] Fernschreiben 195 von Botschafter Held vom 28.5.1980, in: AAPD 1980, Dok.161, S. 853–857, hier S. 856.
[18] PA/AA, B 150, Weisung 92 des Vortragenden Legationsrats I. Klasse Schlagintweit an die Botschaft in Tripolis vom 27.5.1980.

„relativ legal" verhaftet werden könnten. Zugleich informierte der Botschafter, dass das vom 23. bis 28. Mai geltende Einreiseverbot für Bundesbürger aufgehoben worden sei, das laufende Wirtschaftsprojekte behindert und dem Land so nur geschadet habe. Gleichwohl könne die Aufhebung des Verbots nicht als Zeichen der Entspannung gewertet werden[19].

In dieser konfliktträchtigen Atmosphäre geriet das Schicksal der sechs inhaftierten deutschen Geologen, um deren Freilassung sich die Bundesregierung intensiv bemühte, in den Fokus von Politik und Diplomatie. Genscher kam am 23. Mai 1980 in Bonn mit Belgassem zusammen. Mehrere Male versicherte der libysche Gast, er werde sich unmittelbar nach seiner Rückkehr nach Tripolis dafür verwenden, die Wissenschaftler und ihre Begleiter auf freien Fuß zu setzen. In diesem Zusammenhang ließ Belgassem den Außenminister auch wissen, die militärische Zusammenarbeit Libyens mit der UdSSR berge die Gefahr, dass sich sein Land eines Tages aus dieser „Verstrickung" nicht mehr lösen könne. Das liege aber auch daran, dass die westlichen Staaten keine Waffen liefern wollten. Genscher antwortete, er habe „klar verstanden"[20].

Nach diesem Gespräch traf Belgassem mit dem Vizepräsidenten des BKA, Ermisch, zusammen und gab dabei zu verstehen, dass Gaddafi wegen innenpolitischer Probleme nicht in der Lage sei, außenpolitische Beschlüsse von Belang zu treffen. Es bestehe die große Gefahr, dass „der Osten" bei einem möglichen „Umsturz" in Libyen die Oberhand behalte[21]. Tatsächlich wurde in den Nachbarstaaten Libyens kolportiert, Gaddafi fürchte, die UdSSR könne den Versuch unternehmen, ihn durch eine „berechenbarere Figur" zu ersetzen[22]. Vielleicht war Belgassem wirklich ein strikter Befürworter einer engeren Bindung seines Landes an den Westen. Möglicherweise war er aber auch nur ein Falschspieler, der elegant auf eigene Rechnung handelte, wie spätere Bemerkungen vermuten lassen. In einem Gespräch mit Genscher am 30. Juli 1980 führte er unvermittelt und überraschend aus, wenn man „Gaddafi beseitigen wolle, müsse dies bald geschehen, sonst seien die Dinge schon zu weit gediehen"[23]. Botschafter Held hielt Belgassem für

---

[19] PA/AA, B 150, Fernschreiben 198 von Botschafter Held vom 29.5.1980.
[20] PA/AA, B 36, Ref. 311, Bd. 137640, Weisung 91 von Ministerialdirigent Montfort an die Botschaft in Tripolis vom 23.5.1980.
[21] PA/AA, B 83, Ref. 511, Bd. 1696, Vermerk von Ministerialdirigent Verbeek vom 27.5.1980.
[22] PA/AA, B 36, Ref. 311, Bd. 137639, Aufzeichnung des Vortragenden Legationsrats I. Klasse Schlagintweit vom 29.5.1980.
[23] Aufzeichnung über das Gespräch auf dem Venusberg bei Bonn, in: AAPD 1980, Dok. 222, S. 1171–1174, hier S. 1171.

einen Vertreter der „Generation älterer und einsichtiger Libyer", die zunehmend ihren Einfluss auf Gaddafi verlieren würden. Held glaubte, dass er die Morde an Auslandslibyern nicht billigte und sich in einem schweren Gewissenskonflikt befand. Belgassem sei auch deshalb in Westeuropa unterwegs, um Landsleute zur Rückkehr in die Heimat zu überreden[24].

Wie auch immer: Das Geiseldrama ging weiter. Meyer-Landrut konnte Anfang Juni 1980 nur vermerken, dass Belgassem immer noch auf Reisen sei. Er schlug daher ein direktes Gespräch mit Gaddafi vor, das von einer bekannten Persönlichkeit geführt werden sollte. Infrage komme etwa der frühere Staatsminister im Kanzleramt und jetzige stellvertretende SPD-Vorsitzende Wischnewski. Staatssekretär Hans Werner Lautenschlager brachte sogar den ehemaligen Bundespräsidenten Walter Scheel ins Gespräch[25]. Belgassem kehrte erst am 9. Juni 1980 nach Libyen zurück, jedoch nicht ohne zuvor ein klärendes Gespräch mit Jalloud in Rom geführt zu haben[26] – ein klarer Beleg für gravierende innerlibysche Auseinandersetzungen.

Während die Anspannung auf allen Seiten zunahm, setzte die Bundesregierung alles daran, die Entführung nicht zu einem Medienspektakel werden zu lassen. Nachdem Botschafter Held mit den Angehörigen der Geologen in Berlin gesprochen hatte, kamen auch Bundeskanzler Schmidt und der Regierende Bürgermeister von Berlin, Dietrich Stobbe (SPD), mit ihnen zu einer Unterredung zusammen. Das Treffen fand am 11. Juni 1980 im „Bürgergarten Prälat Schöneberg" statt. Schmidt versicherte, dass alles getan werde, um die Wissenschaftler zu befreien; dies müsse aber „unter völligem Ausschluss der Öffentlichkeit" geschehen, ansonsten werde der Fall für die Libyer zu einer Prestigeangelegenheit. Aus diesem Grund lehnte Schmidt auch die Entsendung Wischnewskis ab. Eindringlich mahnte der Bundeskanzler am Schluss noch einmal, die Angehörigen sollten „unter keinen Umständen von sich aus mit der Presse Kontakt aufnehmen"[27].

Als Botschafter Held im Juni 1980 in der Bundesrepublik weilte, erfuhr er Neues über die Morde an Libyern im Ausland. Ein Angehöriger des libyschen Volksbüros in Bonn erklärte, die Volksbüros in den jeweiligen Staaten

---

[24] PA/AA, B 150, Fernschreiben 201 von Botschafter Held vom 1.6.1980.
[25] PA/AA, B 36, Ref. 311, Bd. 137640, Aufzeichnung von Ministerialdirektor Meyer-Landrut vom 4.6.1980 mit handschriftlichen Bemerkungen Lautenschlagers.
[26] PA/AA, B 36, Ref. 311, Bd. 137638, Vermerk von Ministerialdirigent Montfort vom 6.6.1980 über ein Gespräch des BKA-Vizepräsidenten Ermisch mit Belgassem am selben Tag in Wiesbaden.
[27] PA/AA, B 83, Ref. 511, Bd. 1697, Gesprächsaufzeichnung vom 13.6.1980.

seien in diese Aktion „voll integriert". Der „hiesige Chef des Unternehmens", ein jüngerer Libyer, sei erst vor kurzem nach Ablauf seiner Aufenthaltsgenehmigung ausgewiesen worden. Die Kampagne wurde angeblich von Jalloud gesteuert[28]. Weitere Einzelheiten teilte der Bundesnachrichtendienst mit: Demnach erhielten die Mordkommandos vermutlich von PFLP-Mitgliedern Unterstützung, und zwar sowohl bei der Ausforschung der Opfer als auch durch Waffen, die ursprünglich aus Libyen stammten. Beteiligt seien wahrscheinlich auch die Büros der Fluggesellschaft *Libyan Arab Airlines* in Athen, Frankfurt, Istanbul, London und Rom, von denen Pässe beschafft oder Schusswaffen und Munition durch die Kontrollen an den Flughäfen geschleust würden[29]. Am 11. Juni, dem zehnten Jahrestag des Abzugs der amerikanischen Truppen aus Libyen, verkündete Gaddafi allerdings bei einer Ansprache auf dem früheren Marinestützpunkt Ras Lanouf die Einstellung aller Kommandounternehmen. Todesurteile von Revolutionskomitees würden nicht mehr ausgeführt[30]. Die Gründe für diese abrupte Kehrtwende liegen im Dunkeln. Wahrscheinlich hatte Gaddafi erkannt, dass sich die innenpolitischen Probleme durch Mordaktionen nicht lösen ließen – viele bedrohte Libyer setzten sich nach Ägypten ab, wo praktisch kein Zugriff möglich war – und dass sein Land außenpolitisch isolierter war als jemals zuvor. Womöglich befürchtete Gaddafi auch, ihm könne die Kontrolle über die Revolutionskomitees entgleiten.

Mit Erlaubnis Belgassems konnte Botschafter Held die Geologen am 14. Juni 1980 besuchen. Die Entführten waren gesund, wirkten aber „psychisch mitgenommen". Dem Botschafter gelang es, sie zu überzeugen, dass „Handlungen auf eigene Faust (Hungerstreik, Flucht)" den Bemühungen um ihre Freilassung nur schaden könnten. Das anschließende Gespräch mit Belgassem trug nicht unbedingt zu seiner Beruhigung bei. Belgassem wollte Gaddafi auf die Geologen ansprechen, bat dafür aber um eine weitere Woche des Stillhaltens. Zugleich legte Belgassem dar, dass Libyen keine Geiseln für einen Austausch mit dem Mörder Omran al-Mehdawis benötige. Man habe schließlich die deutsche Kolonie in Libyen „als Druckmittel in der Hand"[31].

---

[28] PA/AA, B 36, Ref. 311, Bd. 137638, Vermerk des Vortragenden Legationsrats I. Klasse Schlagintweit vom 10.6.1980 über eine fernmündliche Unterrichtung durch Botschafter Held am Vortag.
[29] PA/AA, B 83, Ref. 511, Bd. 1324, Fernschreiben 6384 und 6568 des Bundesnachrichtendiensts an das Auswärtige Amt vom 16. bzw. 23.6.1980.
[30] PA/AA, B 36, Ref. 311, Bd. 137638, Fernschreiben 223 von Botschafter Held vom 12.6.1980.
[31] PA/AA, B 150, Fernschreiben 230 von Botschafter Held vom 15.6.1980.

Einige Tage zuvor, am 4. Juni 1980, hatte Held anlässlich der konstituierenden Sitzung des „Arbeitsstabs Libyen" im Auswärtigen Amt bereits ein düsteres Szenario beschrieben. Die Deutschen in Libyen müssten „mit allem rechnen"; Folterungen seien möglich. Er und seine Mitarbeiter seien darauf vorbereitet, dass ein Brandanschlag auf die Botschaft verübt werde. Dagegen hielt Held es für unwahrscheinlich, dass Gaddafi „am Ölhahn drehen" werde[32]. Um eine weitere Eskalation zu verhindern, kam erneut der Vorschlag auf, eine hochrangige politische Persönlichkeit mit einem umfassenden Verhandlungsmandat zu Gaddafi zu entsenden. Der Leiter der Rechtsabteilung im Auswärtigen Amt, Ministerialdirektor Carl-August Fleischhauer, skizzierte den Umfang eines solchen Mandats und stellte fest, dass die Freilassung des Mörders Ehmida „rechtlich möglich" sei. Eine Einladung Gaddafis zu einem offiziellen Besuch der Bundesrepublik sei ebenso zu erwägen wie (militärisch-)technische Hilfe und die Lieferung von Kriegswaffen. Vor Waffenlieferungen müsse allerdings eine „gesamtpolitische Beurteilung Libyens" durch die NATO erfolgen[33].

Kurz darauf, am 21. Juni 1980, bekam Held von Belgassem die Mitteilung, dass Gaddafi der Freilassung der sechs Geologen und ihrer drei Begleiter zugestimmt habe. Eine entsprechende Weisung wolle Gaddafi nach seiner Rückkehr von Bengasi nach Tripolis erteilen. Er erwarte im Gegenzug die Überstellung Ehmidas nach dessen Verurteilung[34]. Doch erst einmal passierte überhaupt nichts. Daraufhin traten die Geologen am 25. Juni in einen Hungerstreik, und ihre Angehörigen, deren Nervosität „nicht mehr kontrollierbar" zu sein schien, forderten ultimativ die Entsendung eines prominenten Unterhändlers nach Libyen[35]. Schließlich kam es auch noch unter den Inhaftierten zu Auseinandersetzungen über die Fortführung des Hungerstreiks. Held konnte sie dazu bewegen, diesen abzubrechen[36]. Genschers Büro notierte am 7. Juli, Gaddafi sei mittlerweile nach Tripolis zurückgekehrt, Belgassem, an den Held jedoch nicht herankomme, befinde sich in seiner Nähe[37].

---

[32] Aufzeichnung von Attaché Armin Kössler, Ref. 311, vom 16.6.1980, in: AAPD 1980, Dok. 173, S. 905 ff., hier S. 906 f.
[33] PA/AA, B 83, Ref. 511, Bd. 1697, Aufzeichnung von Ministerialdirektor Fleischhauer, Abteilung 5, vom 16.6.1980.
[34] PA/AA, B 150, Fernschreiben 242 von Botschafter Held vom 21.6.1980.
[35] PA/AA, B 83, Ref. 511, Bd. 1697, Aufzeichnung des Vortragenden Legationsrats I. Klasse Johannes Lohse, Ref. 511, vom 27.6.1980.
[36] PA/AA, B 83, Ref. 511, Bd. 1697, Fernschreiben 262 von Botschafter Held vom 28.6.1980.
[37] PA/AA, B 150, Vermerk des Vortragenden Legationsrats I. Klasse Hans Theodor Wallau, Ref. 010, vom 7.7.1980.

94 Die große Krise

Am 10. Juli kam endlich ein Gespräch mit Belgassem zustande, der dem Botschafter mitteilte, Gaddafi habe entschieden, die Geologen und ihre Begleiter ohne Bedingungen freizulassen. Zugleich drängte Belgassem nachdrücklich auf einen Staatsbesuch Gaddafis in der Bundesrepublik. Held sprach sich anschließend dafür aus[38].

Die Forscher wurden nach ihrer Freilassung gebeten, sich kritischer Bemerkungen gegenüber den Medien zu enthalten, wozu sie sich auch im eigenen Interesse bereit erklärten[39]. Ob die Freilassung tatsächlich auf Betreiben Belgassems erfolgte, muss offen bleiben. Er selbst versicherte in einem Gespräch mit Angehörigen des BKA, die sich am 11./12. Juli 1980 kurzfristig in Tripolis aufhielten, dass es ihm nur unter großen Anstrengungen gelungen sei, Gaddafi zu überzeugen[40]. Womöglich hatte der Revolutionsführer aber auch selbst erkannt, dass alle seine Hoffnungen auf einen Ausbau der Beziehungen zur Bundesrepublik unerfüllt bleiben würden, sollte er den bisherigen harten Kurs beibehalten. Wie auch immer: Im Auswärtigen Amt begannen nach kurzer Karenz die Vorbereitungen für einen Staatsbesuch Gaddafis. Meyer-Landrut schlug im August vor, Gaddafi bis spätestens Ende Oktober eine verbindliche Einladung (wenn auch noch ohne genaue Terminierung) zukommen zu lassen. Was die „Be- oder Missachtung internationalen Rechts und innerstaatlicher Grundrechte" angehe, solle bei Einladungen zu Staatsbesuchen „nicht mit zweierlei Maß" gemessen werden[41]. Die Amtsführung ließ sich darauf ein. In einem Gespräch mit Belgassem am 5. November in Bonn führte Genscher aus, Gaddafi könne die persönliche Mitteilung überbracht werden, die Bundesregierung beabsichtige, ihn offiziell einzuladen. Dieser Besuch wurde für die erste Hälfte des kommenden Jahres in Aussicht gestellt[42]. In einem Brief an Belgassem bestätigte der Außenminister seine Absicht noch einmal[43].

Auch auf einem anderen Feld kamen die Dinge in Bewegung. Nach der ohne Vorbedingungen beendeten Geiselaffäre sah das Auswärtige Amt keinen

---

[38] PA/AA, B 150, Fernschreiben 291 von Botschafter Held vom 10.7.1980.
[39] PA/AA, B 83, Ref. 511, Bd. 1697, Fernschreiben 292 von Botschafter Held vom 12.7.1980.
[40] PA/AA, B 150, Weisung 156 des Vortragenden Legationsrats Michael Umlauff, Ref. 311, an die Botschaft in Tripolis vom 23.7.1980.
[41] Aufzeichnung von Ministerialdirektor Meyer-Landrut vom 7.8.1980, in: AAPD 1980, Dok. 227, S. 1197–1201, Zitat S. 1199f.
[42] PA/AA, B 150, Aufzeichnung des Vortragenden Legationsrats I. Klasse Heinz Weber, Ref. 105, vom 6.11.1980.
[43] PA/AA, B 36, Ref. 311, Bd. 137638, Schreiben Genschers an Belgassem vom 7.11.1980.

Grund mehr, der dagegen gesprochen hätte, an der bestehenden „Deckungspolitik" gegenüber Libyen etwas zu ändern[44]. Anlässlich der Vorbereitungen für eine zweite Sitzung der gemeinsamen Wirtschaftskommission wurde in einer interministeriellen Besprechung die „Notwendigkeit zu verstärkter wirtschaftlicher Zusammenarbeit" mit Libyen betont[45].

Zugleich wehrten die Vertreter des Auswärtigen Amts Einsprüche gegen das Ausbildungsprogramm für 28 libysche Polizisten ab. Im Oktober 1980 wandten sich die Amerikaner mit kritischen Rückfragen an die Bundesregierung. Sie rügten unter Hinweis auf ihre „Rechte und Verantwortlichkeiten in Berlin", dass Angehörige der Polizei eines Landes, das den internationalen Terrorismus begünstige, von der Berliner Polizei im Entschärfen von Munition und Sprengstoff ausgebildet würden. Briten und Franzosen schlossen sich dieser Position an. Nach umgehender Rücksprache mit seinem Amtskollegen im Innenministerium, Siegfried Fröhlich, vermerkte Staatssekretär van Well: „Laufendes Berliner Programm sollte nicht beeinträchtigt werden." Zugleich notierte er: „Weitere [Programme] streben wir nicht an."[46]

Unterdessen lieferte der Prozess gegen den Angeklagten Ehmida wichtige Hinweise zu den Revolutionskomitees und ihrer Unterstützung durch die libyschen Vertretungen im Ausland. Der aus Tripolis stammende Libyer wurde im September 1980 angeklagt, den ehemaligen Diplomaten al-Mehdawi, der mit einer Deutschen verlobt war, am 10. Mai des Jahres heimtückisch getötet zu haben[47]. Nachdem er am 25. April auf dem Flughafen in Frankfurt eingetroffen war, wurde er mit einem Bus der libyschen Vertretung nach Bonn gebracht. Dort betreuten ihn mehrere libysche Staatsangehörige, von denen er auch die Tatwaffe erhielt. Der Mord auf offener Straße an einem Samstagvormittag zeigte – auch angesichts der Tatsache, dass Ehmida gleich vier Schüsse abgab – ein „außergewöhnliches kriminelles Verhalten", das den Bonner Bürgern „allenfalls aus Kriminalfilmen bekannt" war. Für einen der Helfershelfer wurde wenig später von der libyschen Botschaft ein Ticket für einen Flug nach Tripolis bestellt, doch am 18. Mai konnte man ihn bei einer Zwischenlandung in Rom festnehmen. Ehmida, der noch in der Nähe des Tatorts hatte verhaftet werden können, gab bei

---

[44] PA/AA, B 52, Ref. 422, Bd. 121338, Schreiben von Staatssekretär Lautenschlager an Staatssekretär Obert, Bundesfinanzministerium, vom 6.10.1980.
[45] PA/AA, B 36, Ref. 311, Bd. 137640, Aufzeichnung des Referats V B 7 des Bundeswirtschaftsministeriums vom 23.10.1980.
[46] PA/AA, B 150, Aufzeichnung von Ministerialdirektor Klaus Blech, Abteilung 2, vom 24.10.1980 mit handschriftlichen Bemerkungen van Wells.
[47] PA/AA, B 83, Ref. 511, Bd. 1698, Anklageschrift vom 11.9.1980.

seiner Vernehmung an, Angehöriger eines Revolutionskomitees zu sein. Er hatte nach eigenen Angaben von der Verurteilung al-Mehdawis in absentia erfahren und sich daraufhin freiwillig gemeldet, um das Todesurteil in der Bundesrepublik zu vollstrecken. Offensichtlich war er so indoktriniert, dass er eine derartige Tat für gerechtfertigt hielt. Das Landgericht Bonn betonte dann auch die „politische Motivation des Angeklagten". Ehmida, der in Tripolis als einfacher Angestellter gearbeitet hatte, wurde schließlich am 22. Dezember 1980 zu einer lebenslänglichen Freiheitsstrafe verurteilt[48]. Ein Skandal war die aktive Rolle der libyschen Botschaft, die offenbar ein Revolutionskomitee in der Bundesrepublik massiv unterstützte.

Auch wenn Gaddafi die Mordserie im Juni 1980 beendete, blieben seine innen- und außenpolitischen Probleme bestehen. Das zeigte sich unter anderem daran, dass er bei einer Rede am 6. November 1980 die Umwandlung aller Schulen, Hochschulen und sonstigen Ausbildungsstätten in „Militärlager" verkündete. Bald darauf erklärte er ergänzend, dies solle auch mit allen Wirtschaftsbetrieben geschehen. In erster Linie verbargen sich dahinter taktische Motive. Gaddafi wollte die „Bevölkerung in Atem halten und Kritik abfangen". Aus der Sicht der Botschaft in Tripolis musste dieses Vorgehen die Bemühungen um die Ausbildung qualifizierten Personals deutlich zurückwerfen[49].

Zudem stand die geplante Vereinigung Libyens mit Syrien auf der außenpolitischen Agenda, die Gaddafi und Präsident Assad am 10. September 1980 in Tripolis ankündigten. Dem libyschen Revolutionsführer ging es dabei vor allem darum, seine Isolation im arabischen Raum zu durchbrechen. Im Auswärtigen Amt nahm man an, dass dieses Vorhaben wie alle vorangegangenen Einigungsprojekte scheitern werde, und so kam es auch. Die Pläne wurden dennoch sorgfältig registriert, weil es sich um den Versuch einer Allianz zwischen zwei der radikalsten arabischen Staaten handelte, die überdies beide militärisch maßgeblich von der UdSSR abhingen[50]. Gegen Ende des Jahres vertrat Belgassem in einem Gespräch mit Held die Auffassung, dass Gaddafi „immer eigenwilliger und gegenüber jedem Rat unzugänglicher" werde[51]. Auch mit Blick auf die bilateralen Beziehungen verhieß das nichts Gutes.

---

[48] PA/AA, B 83, Ref. 511, Bd. 1698, Urteil in der Strafsache gegen Ehmida Bashir Ehmida.
[49] PA/AA, B 36, Ref. 311, Bd. 137638, Fernschreiben 536 von Botschaftsrat Erck vom 18.11.1980.
[50] PA/AA, B 36, Ref. 311, Bd. 137639, Aufzeichnung des Vortragenden Legationsrats I. Klasse Schlagintweit vom 17.9.1980.
[51] PA/AA, B 150, Fernschreiben 601 von Botschafter Held vom 18.12.1980.

In der Tat trübte sich um die Jahreswende 1980/81, trotz der Einladung Gaddafis in die Bundesrepublik, das deutsch-libysche Verhältnis. Dies zeigte sich auch beim Aufenthalt von Ahmed Shehati in der Bundesrepublik Ende 1980. Sein Gespräch mit Genscher am 29. Dezember verlief zwar „in freundschaftlicher Atmosphäre", und die Bemerkung des Außenministers, gäbe es keine Gegensätze, könnte ja gleich eine deutsch-libysche Union gebildet werden, sorgte durchaus für Heiterkeit. Doch in den Sachfragen waren die Dissonanzen unübersehbar. Der libysche Gast stellte fest, die Initiativen der Bundesregierung und ihrer westeuropäischen Partner in der Nahost-Frage hätten für die Palästinenser keine konkreten Ergebnisse erbracht. Im Übrigen forderte Shehati Entschädigung für die Räumung der Minen, die in Libyen infolge des Zweiten Weltkriegs lagen. Genscher wies darauf hin, dass eine Entschädigung aus grundsätzlichen Erwägungen nicht in Betracht komme, die Bundesrepublik aber bereit sei, bei der Bergung mitzuhelfen. Der Außenminister machte ferner deutlich, dass sich die EG insgesamt die von der Bundesregierung schon seit vielen Jahren vertretene Forderung nach dem Selbstbestimmungsrecht für die Palästinenser zu eigen gemacht habe[52].

Letzteres war richtig. Dazu kam, dass der PLO zuvor auch das Recht zugestanden worden war, an künftigen Friedensverhandlungen teilzunehmen. Der maßgebliche Passus in der Erklärung, die der Europäische Rat bei seiner Tagung am 12./13. Juni 1980 in Venedig verabschiedete, lautete:

> „Das Palästinenserproblem, bei dem es sich nicht lediglich um ein Flüchtlingsproblem handelt, muss endlich eine gerechte Lösung finden. Das palästinensische Volk, das sich bewusst ist, als solches zu existieren, muss in die Lage versetzt werden, durch einen geeigneten und im Rahmen der umfassenden Friedensregelung definierten Prozess sein Selbstbestimmungsrecht voll auszuüben. Voraussetzung für die Verwirklichung dieser Ziele sind Zustimmung und Mitwirkung aller beteiligten Parteien hinsichtlich der Friedensregelung, die die Neun auf der Grundlage der in den […] erwähnten Erklärungen definierten Prinzipien sich zu fördern bemühen. Diese Prinzipien gelten für alle betroffenen Parteien, so auch für das palästinensische Volk und für die PLO, die an der Verhandlung beteiligt werden muss."[53]

Diese Erklärung stieß auf arabischer Seite gleichwohl auf wenig Gegenliebe, denn eine offizielle Anerkennung der PLO war damit weiterhin nicht verbunden. In der Bundesrepublik gab es lediglich die im September 1975 begründete „Informationsstelle Palästina" der PLO in Bonn, die vom Status

---

[52] PA/AA, B 1, Ref. 010, Bd. 178843, Gesprächsaufzeichnung vom 2. 1. 1981.
[53] Bulletin des Presse- und Informationsamts der Bundesregierung Nr. 71 vom 17. 6. 1980.

einer diplomatischen Mission weit entfernt war[54]. Im Nahen Osten verstärkten sich die Auseinandersetzungen nach Abschluss des Friedensvertrags zwischen Ägypten und Israel unter Vermittlung der USA am 26. März 1979, obwohl dieser einen Meilenstein im Friedensprozess darstellte. Das Vertragswerk von Camp David trug nicht zur Lösung der Palästinenser-Problematik bei, es führte zur Spaltung der Arabischen Liga durch den Ausschluss Ägyptens und förderte europäisch-amerikanische Spannungen. Die Europäer saßen mehr denn je zwischen allen Stühlen. Der Friedensvertrag verhinderte auch die rücksichtslose Fortführung der israelischen Siedlungspolitik in den besetzten Gebieten nicht. Mit dem Einmarsch israelischer Truppen in den Libanon im Juni 1982 scheiterten die Verhandlungen zwischen Ägypten und Israel über eine Autonomie für das Westjordanland und den Gaza-Streifen endgültig. Aus libyscher Sicht brachte die Annäherung zwischen Ägypten und Israel für die Anliegen der Palästinenser keine auch noch so kleinen Fortschritte; die Libyer erkannten in der Nahost-Politik der Bundesrepublik und der EG keine positive Weiterentwicklung[55].

2. Wirtschaftliche Beziehungen im Zeichen der amerikanisch-libyschen Konfrontation 1981

Nachdem die geplante Vereinigung Libyens mit Syrien gescheitert war, unternahm Gaddafi zum Jahreswechsel 1980/81 den Versuch eines groß angelegten außenpolitischen Befreiungsschlags. Am 6. Januar 1981 kündigte er einen Plan zur Vereinigung seines Landes mit dem Tschad an, nachdem libysche Truppen zuvor in die Hauptstadt N'Djamena, „das Herz Afrikas", vorgestoßen waren und eine „unerwartete militärische und logistische Leis-

---

[54] Am 25.9.1975 wurde beim Amtsgericht Bonn der Verein Informationsstelle Palästina in das Vereinsregister eingetragen. Den Vorsitz übernahm Abdallah Frangi, der Vertreter der PLO im Büro der Arabischen Liga. Als geschäftsführendes Vorstandsmitglied fungierte zunächst Diether Habicht-Benthin, der Generalsekretär des Deutsch-Afrikanisch-Arabischen Büros (DAAB), der die Räume zur Verfügung stellte. PA/AA, B 36, Ref. 310, Bd. 108755, Aufzeichnung des Vortragenden Legationsrats Karl Richter, Ref. 310, vom 9.10.1975. Nach scharfer Kritik des Auswärtigen Amts an der Verbindung mit dem DAAB beziehungsweise mit Habicht-Benthin, der politisch als radikal links galt, beendete Frangi diese Kooperation. Im Mai/Juni 1976 zog die Informationsstelle in eigene Räume. Sie besaß weiterhin „keinen offiziellen oder offiziösen Status". B 36, Ref. 310, Bd. 108756, Aufzeichnung der Abteilung 3 vom 24.5.1976.
[55] Vgl. Bippes, Nahostpolitik, S. 93–116; Müllenmeister, Nahostpolitik, S. 126–131; Weingardt, Israel- und Nahostpolitik, S. 266–299.

tung" vollbracht hatten. Die Invasionstruppe von 6000 Mann, zu der Angehörige mehrerer afrikanischer Staaten gehörten, stand ungefähr 1000 Kilometer Luftlinie von der Grenze zu Libyen entfernt. Sie kontrollierte, in Kooperation mit dem von Gaddafi abhängigen Präsidenten der Übergangsregierung, Goukouni Weddeye, den nördlichen, islamisch-arabischen Teil des Tschad. Gaddafi hatte also die Grenzen seiner Herrschaft deutlich über den schon viele Jahre besetzten Aouzou-Streifen hinaus nach Süden verschoben. Die Anrainerstaaten des Tschad fühlten sich in ihrer Existenz bedroht. Das Auswärtige Amt nahm an, dass sich das *militärische* Gleichgewicht in der Region zwar noch nicht wesentlich verändert, das *politische* Gleichgewicht im Sahel-Raum dagegen „erheblich" gelitten habe. Eine allgemeine Destabilisierung der Sahel-Länder könne im Interesse der UdSSR liegen, nicht aber notwendigerweise das von Gaddafi angestrebte Sahel-Reich[56].

Ungeachtet der völkerrechtswidrigen Intervention im Tschad entwickelten sich die Wirtschaftsbeziehungen zwischen der Bundesrepublik und Libyen bis zum Ende der sozial-liberalen Koalition prächtig. Im Frühjahr 1981 stellte Botschafter Held sogar fest, diese hätten einen „spektakulären Aufschwung" genommen. Unternehmen aus der Bundesrepublik seien allein in den ersten vier Monaten des Jahres 1981 mit Aufträgen im Wert von ungefähr fünf Milliarden DM bedacht worden. In der Außenhandelsstatistik der Bundesrepublik rangierte Libyen nun an 15. Stelle, in der arabischen Welt an zweiter Position (nach Saudi-Arabien), in Afrika sogar an erster Stelle – vor Algerien, Nigeria und Südafrika; 15 Prozent der Erdöleinfuhren stammten aus Libyen. Nach Helds Ansicht musste das wirtschaftliche Engagement durch „politische Gesten" abgesichert werden[57]. Der durchaus auffällige Rückgang bei den Ölimporten, der in der Gesamtstatistik dennoch nicht sehr ins Gewicht fiel, war auf die libysche Hochpreispolitik zurückzuführen, die das Land auch nach der zweiten Ölkrise 1979/80 beibehielt. Die 1981 einsetzende Wende am Ölmarkt, bei der das Angebot die Nachfrage überstieg, führte in Libyen zu massiven Einnahmeausfällen, die das Land auf diese Weise zu kompensieren versuchte[58].

Die Zahlen waren tatsächlich beeindruckend. Lag der Wert der (Öl-)Importe aus Libyen 1975 noch bei 3,44 Milliarden DM, so betrug er 1981 bereits

---

[56] PA/AA, B 34, Ref. 320, Bd. 127788, Aufzeichnung der Abteilung 3 vom 26.2.1981.
[57] PA/AA, B 36, Ref. 311, Bd. 137685, Fernschreiben 239 von Botschafter Held vom 29.4.1981.
[58] PA/AA, B 52, Ref. 422, Bd. 121338, Aufzeichnung des Vortragenden Legationsrats Wilfried Rupprecht, Ref. 405, vom 7.8.1981.

7,41 Milliarden DM (im Vergleich dazu Algerien: 5,32 Milliarden; Nigeria: 3,45 Milliarden; Südafrika: 3,18 Milliarden). An den Gesamtimporten aus Afrika hatte Libyen damit einen Anteil von knapp 29 Prozent. Die Ausfuhren aus der Bundesrepublik, deren Wert 1975 noch bei ungefähr 1,32 Milliarden DM gelegen hatte, entwickelten sich ebenfalls positiv; ihr Wert stieg auf 3,38 Milliarden DM im Jahr 1981 (im Vergleich dazu Algerien: 2,81 Milliarden; Nigeria: 4,90 Milliarden; Südafrika: 6,16 Milliarden). Das Gesamtvolumen des deutsch-libyschen Warenverkehrs betrug folglich 10,79 Milliarden DM für 1981 (Algerien: 8,13 Milliarden; Nigeria: 8,35 Milliarden; Südafrika: 9,34 Milliarden)[59].

An der Bedeutung Libyens für die westdeutsche Wirtschaft änderte sich 1982 prinzipiell nichts. Das Bundesministerium für Wirtschaft fasste zu Jahresbeginn zusammen, dass Libyen trotz „unorthodoxe[r] Innen- und Außenpolitik" als Rohöllieferant hinter Saudi-Arabien und Großbritannien an dritter Stelle stehe. Als Absatzmarkt für Exportwaren stand Libyen, was die arabischen Staaten betrifft, an dritter Stelle. Wichtigste Ausfuhrgüter waren neben Kraftfahrzeugen mit einem Anteil von 28,2 Prozent vor allem Maschinen und elektrotechnische Erzeugnisse (18,1 und 16 Prozent). In der weltweiten Obligo-Liste rangierte Libyen an dritter Stelle; im Februar 1982 beliefen sich die Verpflichtungen des Bundes aus gedeckten Ausfuhr- und Kreditgeschäften auf enorme 13,8 Milliarden DM. Unternehmen aus der Bundesrepublik hatten 1981, trotz des verringerten finanziellen Spielraums der Regierung in Tripolis, Aufträge im Wert von sieben bis acht Milliarden DM erhalten. Allein das bislang größte Einzelprojekt, das im Frühjahr 1981 realisiert worden war, ein Chemiewerk in Abu Kammasch, besaß einen Auftragswert von rund 1,3 Milliarden DM. Am „gigantischen Industrie-Stahlwerkskomplex Misurata" partizipierten Unternehmen aus der Bundesrepublik mit Aufträgen in Höhe von etwa drei Milliarden DM. Pläne für eine zweite Tagung der deutsch-libyschen Wirtschaftskommission waren jedoch versandet[60].

Besonders aufschlussreich ist die Vorgehensweise des Auswärtigen Amts und der Bundesregierung bei den Anlagen in Misurata. Die angekündigte Fusion zwischen Libyen und dem Tschad bot keinen Grund, von der Deckungspolitik abzuweichen. Das gesamte Volumen der libyschen Investitionen in den Stahlwerkskomplex lag bei rund zehn Milliarden DM.

---

[59] Vgl. Statistisches Jahrbuch für die Bundesrepublik Deutschland 1983, S. 266f.
[60] PA/AA, B 52, Ref. 422, Bd. 135577, Aufzeichnung des Referats V B 7 des Bundeswirtschaftsministeriums vom 25.2.1982.

Auf deutscher Seite waren insbesondere die Korf Engineering GmbH und die Fried. Krupp GmbH mit einem Auftragswert von 1,095 respektive 1,528 Milliarden DM beteiligt. Der Deckungsanteil des Bundes lag bei 384 Millionen (Korf) und 1,35 Milliarden DM (Krupp), insgesamt also bei 1,734 Milliarden DM. Angesichts des schon hohen Obligos für Libyen (7,747 Milliarden DM Anfang 1981, hinzu kamen Grundsatzzusagen in Höhe von 14,72 Milliarden) empfahl der Leiter der Wirtschaftsabteilung im Auswärtigen Amt, Ministerialdirektor Per Fischer, eine gründliche Prüfung in jedem Einzelfall. Dazu vermerkte Genscher: „r[ichtig]". Im konkreten Fall befürwortete Fischer ein Engagement des Bundes, weil er keinen außenpolitischen Hinderungsgrund erblickte. Der zuständige Staatssekretär Lautenschlager schloss sich der Ansicht Fischers an. Dazu notierte Genscher, dass Bundeskanzler Schmidt auf dieses Vorhaben persönlich hingewiesen werden sollte. Erst danach sei eine positive Entscheidung möglich. Die betreffende Aufzeichnung wurde daher an das Bundeskanzleramt weitergeleitet. Der zuständige Gruppenleiter im Kanzleramt, Ministerialdirigent Otto von der Gablentz, hielt am 26. Januar 1981 fest, Schmidt habe am Vortag davon Kenntnis genommen, aber keine Einwände geltend gemacht[61]. Die entsprechenden Verträge konnten daher von Repräsentanten der Firmen Korf und Krupp am 21. Februar 1981 in Tripolis unterzeichnet werden[62]. Dass Libyen nach seiner militärischen Intervention im Tschad die Hälfte dieses Staates besetzt hielt, schien bedeutungslos zu sein.

Nur noch das Bundesministerium der Finanzen unter Hans Matthöfer (SPD) trug sich mit Bedenken, und zwar bezüglich dreier Punkte. Das Ministerium verwies auf den starken Anstieg des Libyen-Obligos (rund 12,8 Milliarden DM gegen Ende des Jahres 1981; dies entsprach 8,9 Prozent des gesamten Obligos, womit das Land auf Platz drei vorgerückt war), die Risiken, die aus der libyschen Politik resultierten, sowie auf wirtschaftliche Aspekte, da Zahlungsschwierigkeiten zu befürchten waren. Das hohe Obligo überstieg, mit Ausnahme Italiens, die Eventualverpflichtungen von anderen westlichen Exportkreditversicherern „bei weitem". In der Obligo-Statistik standen nur noch Saudi-Arabien (mit 22 Milliarden DM) und Brasilien (13,3 Milliarden) vor Libyen. Danach kam die UdSSR (11,5 Milliarden). Das Auswärtige Amt begründete seine Haltung wie folgt:

---

[61] PA/AA, B 52, Ref. 422, Bd. 121338, Aufzeichnung von Ministerialdirektor Per Fischer, Abteilung 4, vom 22.1.1981 mit handschriftlichen Bemerkungen Genschers und Lautenschlagers sowie Begleitvermerk vom 23.1.1981.
[62] PA/AA, B 52, Ref. 422, Bd. 121338, Fernschreiben 127 von Botschafter Held vom 23.2.1981.

„Aus politischen Gründen sollten wir den Eindruck vermeiden, dass wir die Wirtschaftsbeziehungen zu Libyen einschränken, weil Libyen damit veranlasst werden könnte, die Bindungen zur Sowjetunion weiter auszubauen und die Wirtschaftsbeziehungen von sich aus drastisch einzuschränken. Dies würde viele Bereiche unserer Wirtschaft [...] empfindlich treffen. Aus dem gleichen Grunde sollten wir eventuellen Vorschlägen des BMF, für Projekte der libyschen Streitkräfte grundsätzlich keine Bürgschaften mehr zu gewähren, ablehnen. Eine solche Maßnahme könnte angesichts der führenden Rolle der Armee in der gegenwärtigen libyschen Staatsordnung zu erheblichen Verstimmungen führen [...]. Unter dem auf Militarisierung des gesamten Volkes errichteten Regime Gaddafis ist die Unterscheidung zwischen der zivilen und der militärischen Sphäre ohnehin fließend."[63]

Genscher stimmte diesen Ausführungen an mehreren Stellen durch Randnotizen ausdrücklich zu. Außerdem vermerkte der Minister: „Weitergehende Forderungen des BMF sind abzulehnen." In einem Gespräch der Staatssekretäre der beteiligten Ministerien (Wirtschafts- und Finanzministerium, Auswärtiges Amt und Bundesministerium für wirtschaftliche Zusammenarbeit) setzte sich das Auswärtige Amt durch. Trotz aller Einwände, die der Staatssekretär im Finanzministerium, Horst Schulmann, vorbrachte, wurde am 20. November 1981 Übereinstimmung dahingehend erzielt, dass gegenüber Libyen eine Einschränkung der bisherigen Deckungspolitik „nicht geboten" sei. Sämtliche Anträge sollten aber besonders sorgfältig geprüft werden[64].

Zeitgleich fand die, wie sie im Wirtschaftsministerium beschönigend charakterisiert wurde, „unorthodoxe" libysche Innenpolitik ihre Fortsetzung. Ein Kongress der Revolutionskomitees entschied Anfang März 1981, die Kampagne zur physischen Liquidierung von Gegnern der „Volksherrschaft" im In- und Ausland weiterzuführen. Gaddafi billigte diesen Beschluss[65]. Bereits einige Tage zuvor hatte ein „Revolutions-Gerichtshof" die Urteile gegen zahllose Personen gefällt, die in der ersten Hälfte des Jahres 1980 im Zuge einer „Anti-Korruptions-Kampagne" festgenommen worden waren. Von mehreren Todesurteilen waren einige schon im Rahmen der ersten Mordkampagne vollstreckt worden. Das Verfahren hatte mit rechtsstaatlichen Prinzipien nicht das Geringste zu tun; es diente nicht zuletzt der

---

[63] PA/AA, B 52, Ref. 422, Bd. 135578, Aufzeichnung von Ministerialdirektor Fischer vom 6.11.1981 mit handschriftlichen Bemerkungen Genschers.
[64] PA/AA, B 52, Ref. 422, Bd. 135578, Aufzeichnung des Vortragenden Legationsrats Wolfgang Runge, Ref. 422, vom 30.11.1981 mit Begleitvermerk von Ministerialdirektor Fischer vom 4.12.1981.
[65] PA/AA, B 83, Ref. 511, Bd. 1325, Fernschreiben 149 von Botschafter Held vom 4.3.1981.

„Einschüchterung der Reste der bourgeoisen libyschen Gesellschaft"[66]. Anlässlich seines Aufenthalts in der Bundesrepublik, wo er sich im März 1981 ärztlich behandeln ließ, übergab Belgassem dem Vizepräsidenten des BKA, Ermisch, eine Liste mit gefährdeten Libyern[67]. Allerdings war die Bundesrepublik nicht von weiteren Anschlägen betroffen.

Nicht verschont blieb die Bundesregierung hingegen von einem neuen Versuch der Erpressung, der das bilaterale Verhältnis schwer belasten sollte. Am 11. März 1981 teilte Botschafter Held mit, dass eine „revolutionäre" Staatsanwaltschaft kürzlich die höchstmögliche Strafe für drei Deutsche gefordert habe, die sich wohl allenfalls kleiner Vergehen schuldig gemacht hätten und dafür seit Ende 1979 im Gefängnis säßen. Höchstmöglich – das konnte die Todesstrafe oder lebenslängliche Haft bedeuten. Der Botschafter kam zu dem Schluss, man habe es mit einem politisch motivierten Prozess zu tun, der ein klares Ziel verfolge: die drei Inhaftierten gegen den in der Bundesrepublik verurteilten Bashir Ehmida auszutauschen[68]. Zwei der Angeklagten wurden schließlich zu einer lebenslangen Haftstrafe verurteilt, der dritte zu sieben Jahren Freiheitsentzug. Bei einer Ressortbesprechung zwischen Vertretern des Auswärtigen Amts, des Bundesinnenministeriums und des Bundesjustizministeriums zeigten sich die Schwierigkeiten, welche Gaddafis Politik der Bundesregierung ohne Rücksicht auflud. Die Angehörigen des Auswärtigen Amts verwiesen auf humanitäre Aspekte, vor allem die „lebensbedrohenden Haftbedingungen in Tripolis", und sahen die Gefahr, der Fall könne in den Medien breitgetreten werden. Die Repräsentanten des Justizministeriums machten dagegen justizpolitische Bedenken geltend. Vor Ablauf von zwei Jahren sahen sie keine Chance für eine Abschiebung Ehmidas. Im Falle einer raschen Abschiebung würde man die libysche Seite zur „Schaffung immer neuer Faustpfänder" ermuntern[69].

Am 23. April 1981 hatte Botschafter Held die Möglichkeit, die drei Inhaftierten im Gefängnis aufzusuchen. Sie wurden von den Wärtern systematisch schikaniert und machten gesundheitlich einen äußerst schlechten Eindruck. Dem Prozess hatten sie nicht folgen können, weil er sich weitgehend auf

---

[66] PA/AA, B 36, Ref. 311, Bd. 137683, Schriftbericht 116 von Botschafter Held vom 5.3.1981.
[67] PA/AA, B 36, Ref. 311, Bd. 137683, Vermerk des Vortragenden Legationsrats I. Klasse Schlagintweit vom 18.3.1981.
[68] PA/AA, B 83, Ref. 511, Bd. 1698, Fernschreiben 158 von Botschafter Held vom 11.3.1981.
[69] PA/AA, B 83, Ref. 511, Bd. 1698, Aufzeichnung des Vortragenden Legationsrats I. Klasse Lohse vom 13.4.1981.

Arabisch vollzogen hatte. Held nahm an, dass die drei Verurteilten eine längere Haft nicht überleben würden. Es war offenkundig, dass Gaddafi sie als Mittel zum Zweck benutzte, etwa, um nun endlich eine definitive Einladung in die Bundesrepublik zu erhalten. Held sprach sich für einen schnellen Austausch gegen Bashir Ehmida aus, auch, weil er der Auffassung war, dass die „Unversehrtheit der deutschen Kolonie" auf dem Spiel stand, zu der ungefähr 4800 Personen gehörten. Andernfalls rechnete er mit „drastischen libyschen Gegenmaßnahmen"[70]. Doch zunächst bewegte sich nichts, und die drei Deutschen blieben die nächsten zwei Jahre in Haft.

Die außenpolitische Isolation Libyens, die sich durch die Intervention im Tschad noch verstärkt hatte, versuchte Gaddafi im Frühjahr 1981 mit einer stärkeren Hinwendung zum Warschauer Pakt zu durchbrechen. Dieser Schachzug ließ in der Bundesrepublik wieder einmal die Alarmglocken schrillen. Doch letztlich änderte sich nichts. Gaddafis Besuch in der Sowjetunion vom 27. bis 29. April 1981 verlief für beide Seiten unbefriedigend. Eine umfassende politische und militärische Abstützung seiner Tschad-Politik durch die Sowjets konnte er nicht erreichen, weil diese nicht gewillt waren, in Nordafrika auf eine einzige Karte zu setzen – und schon gar nicht auf die libysche. Dafür waren die Vorbelastungen in den bilateralen Beziehungen zu groß. Ein Abkommen über Freundschaft und Zusammenarbeit, zu dem sich Gaddafi im Vorfeld seines Besuchs durchaus positiv geäußert hatte, kam nicht zustande[71]. Es blieb freilich beim sowjetischen Waffenexport nach Libyen und der Unterstützung des Landes durch Militärberater. Die Sowjets setzten offensichtlich darauf, etwaige Instabilitäten in der Region irgendwann ausnutzen zu können[72].

Die Besuchskontakte zwischen Libyen und den osteuropäischen Staaten verstärkten sich nach dem Besuch Gaddafis in der UdSSR auffallend[73] – und sie mussten vor dem Hintergrund der „Einkreisungsfurcht" Gaddafis

---

[70] PA/AA, B 83, Ref. 511, Bd. 1698, Fernschreiben 235 von Botschafter Held vom 27.4.1981.
[71] PA/AA, B 36, Ref. 311, Bd. 137686, Aufzeichnung des Vortragenden Legationsrats Umlauff vom 11.5.1981.
[72] PA/AA, B 14, Ref. 201, Bd. 125562, Vermerk des Referats 311 vom 19.11.1981.
[73] Vor seinem Besuch in der UdSSR hielt sich Gaddafi am 26./27.4.1981 in Bulgarien auf. Dann besuchte er vom 29.4. bis zum 1.5.1981 Jugoslawien. Am 25./26.6.1981 besuchte Jalloud die UdSSR, der zuvor bereits am X. Parteitag der SED vom 11. bis zum 16.4.1981 in Ost-Berlin teilgenommen hatte. Vom 7. bis zum 10.9.1981 war der Präsident der Tschechoslowakei und Generalsekretär des Zentralkomitees der Kommunistischen Partei, Gustáv Husák, zu Gast in Libyen. Vom 22. bis zum 24.9.1981 hielt sich Gaddafi in Ungarn auf, vom 24. bis zum 27.9. in Rumänien und am 27./28.9.1981 erneut in Jugoslawien.

gesehen werden. Seine Drohungen vom 1. September 1981, Libyen könne seinen bisherigen blockfreien Status überdenken und Anlehnung beim Warschauer Pakt suchen, waren trotzdem völlig unglaubwürdig[74]. Auch im Verhältnis zur DDR blieb alles beim Alten. Der ostdeutsche Staat konnte in Libyen keine nennenswerten Geländegewinne verbuchen[75].

Im Ergebnis schlug die Politik der USA gegenüber Libyen für die Bundesregierung 1981/82 negativer zu Buche als die sowjetische. Diesen Eindruck vermittelt zumindest die Beurteilung der amerikanischen Libyen-Politik im Auswärtigen Amt. Die Beziehungen der USA zu Libyen waren bereits seit langem gespannt, wobei viele Faktoren eine Rolle spielten: der erzwungene Abzug der amerikanischen Truppen aus dem Land 1970; die umfängliche Unterstützung terroristischer Aktivitäten und bestimmter „Befreiungsbewegungen" durch Gaddafi; die militärisch weitreichende Kooperation zwischen Libyen und der Sowjetunion; die auf Vernichtung zielende Haltung Gaddafis gegenüber Israel; die destabilisierende libysche Politik in Nordafrika, in der Sahara und der Sahel-Zone; ständige Herausforderungen durch eine unberechenbare libysche Erdölpolitik; die 1973 einseitig verfügte Ausdehnung der libyschen Hoheitsgewässer auf den Golf von Syrte, was die Manöver der amerikanischen Flotte im Mittelmeer beeinträchtigte[76].

Nach dem Amtsantritt von Präsident Ronald Reagan am 20. Januar 1981 erfuhr die Außenpolitik der USA eine gravierende Neuausrichtung im Sinne einer Politik der Stärke. Dies betraf nicht nur die Beziehungen zur Sowjetunion, sondern gerade auch den Nahen Osten, wo die westliche Weltmacht stark an Ansehen verloren hatte. Dafür war nicht zuletzt die Tatsache verantwortlich, dass es dem Khomeini-Regime im Iran gelungen war, die USA durch die Geiselnahme von Angehörigen ihrer Botschaft von November 1979 bis Januar 1981 gleichsam vorzuführen. Um verlorenes Terrain zurückzugewinnen und Handlungsfähigkeit unter Beweis zu stellen, war Libyen ein dankbares Objekt, weil das Land viele Angriffsflächen bot, ohne politisch und wirtschaftlich für die USA von existentieller Bedeutung zu sein. Die Bundesregierung bekam die Konsequenzen dieser Politik sehr rasch zu spüren. Ein Angehöriger der amerikanischen Botschaft in Bonn

---

[74] PA/AA, B 36, Ref. 311, Bd. 137686, Fernschreiben 552 von Botschaftsrat Erck vom 4.10.1981.
[75] PA/AA, B 38, Ref. 210, Bd. 132447, Schriftbericht 387 von Botschaftsrat Erck vom 17.8.1981.
[76] Vgl. Clam/Hubel, Krise, S. 86–100; Haley, Qaddafi; Hinz, Sanktionen, S. 190–211; Ronen, Libya, S. 9–24; ferner PA/AA, B 36, Ref. 311, Bd. 137686, Fernschreiben 2071 von Botschafter Peter Hermes, Washington, vom 20.5.1981.

demarchierte im Auswärtigen Amt, um einen Besuch Gaddafis in der Bundesrepublik zu verhindern, und machte „größte Bedenken" dagegen geltend[77].

Am 6. Mai 1981 ordnete die amerikanische Regierung die Schließung des libyschen Volksbüros in Washington an und forderte dessen Mitarbeiter auf, die USA innerhalb von fünf Arbeitstagen zu verlassen. Im diplomatischen Verkehr handelte es sich um einen „drastischen Schritt", so der Botschafter der Bundesrepublik in Washington, Peter Hermes. Vorausgegangen war am 2. Mai 1980 die Schließung der diplomatischen Mission in Libyen, wobei Gaddafi den USA nicht einmal die Errichtung einer Schutzmachtvertretung zugestanden hatte[78].

Die verschärfte Konfrontation zwischen Libyen und den USA stand, wie nicht anders zu erwarten, im Mittelpunkt des Besuchs von Ahmed Shehati, mittlerweile Sonderbotschafter Gaddafis, in der Bundesrepublik. Anlässlich der Vorbereitungen wurde im Auswärtigen Amt betont, es gelte, eine einseitige Bindung Libyens an die UdSSR zu verhindern und die begrenzten Möglichkeiten zu nutzen, um auf das Regime in Tripolis einzuwirken. Die psychologischen Voraussetzungen dafür schienen nicht ungünstig zu sein, weil der Moskau-Besuch für Gaddafi enttäuschend verlaufen war. Ein Staatsbesuch des libyschen Revolutionsführers kam allerdings vor „deutlich sichtbaren Zeichen eines Rückzugs aus dem Tschad" nicht in Frage[79]. In seinem Gespräch mit Genscher am 9. Juni 1981 versäumte es Shehati nicht, darauf hinzuweisen, sein Land könne gezwungen sein, „Partei zugunsten des Warschauer Pakts zu ergreifen"; mit dieser – letztlich leeren – Drohung ließ sich in der Bundesrepublik immer gut punkten. Außerdem äußerte Shehati, der bald in die USA reisen wollte, den Wunsch, Genscher möge bei seinem amerikanischen Amtskollegen Alexander Haig ein gutes Wort für Libyen einlegen. Genscher sagte dies zu und riet im Übrigen zum Abzug der libyschen Truppen aus dem Tschad[80]. Doch die Amerikaner hielten von den Annäherungsversuchen der libyschen Regierung ebenso wenig wie von ihren Bemühungen, die Bundesrepublik als Vermittler einzuspannen[81].

---

[77] PA/AA, B 14, Ref. 201, Bd. 125562, Aufzeichnung von Ministerialdirektor Walter Gorenflos, Abteilung 3, vom 24. 4. 1981.
[78] PA/AA, B 36, Ref. 311, Bd. 137686, Fernschreiben 1841 von Botschafter Hermes vom 7. 5. 1981.
[79] PA/AA, B 36, Ref. 311, Bd. 137683, Aufzeichnung von Ministerialdirektor Gorenflos vom 5. 6. 1981.
[80] PA/AA, B 1, Ref. 010, Bd. 178843, Aufzeichnung von Ministerialdirigent Montfort vom 10. 6. 1981.
[81] Vgl. die Weisung 3075 von Ministerialdirektor Gorenflos an die Botschaft in Washington vom 11. 6. 1981, in: AAPD 1981, Dok. 166, S. 911 ff., hier S. 913, Anm. 8.

Kurz nach Shehati reiste Jalloud, der sich „selbst eingeladen" hatte, zu einem Privatbesuch in die Bundesrepublik. Er bekleidete zwar keine offizielle Position, galt aber als „unbestritten[er] Stellvertreter Gaddafis". Schon aus diesem Grund registrierte man Spannungen zwischen Jalloud und Gaddafi sehr genau, die unter anderem daraus resultierten, dass ersterer als Fürsprecher einer engeren Anlehnung an den Ostblock auftrat, obwohl er westliche Lebensformen pflegte. Die alte Freundschaft zwischen den beiden schien trotzdem eine „alles überdauernde gegenseitige Loyalität" zu begründen. Jallouds Aufenthalt wurde als Teil intensiver libyscher Bemühungen gewertet, die selbst geschaffene Isolation zu durchbrechen. Im Auswärtigen Amt nahm man an, er werde versuchen, die Rahmenbedingungen zu verbessern, um einem offiziellen Besuch Gaddafis in der Bundesrepublik den Weg zu ebnen[82].

In der Tat drängte Jalloud bei seinen Gesprächen mit Genscher am 6./7. Juli 1981 auf den Ausbau der politischen und wirtschaftlichen Beziehungen. Er schlug vor, die Erdölimporte der Bundesrepublik aus Libyen zu steigern, und bot eine zehnjährige bilaterale Kooperation mit Festlegung der abzunehmenden Ölmengen und des „deutschen Projektanteils" in Libyen an. Emotional wie immer äußerte er Unwillen über die Antworten Genschers, die ihm „verschwommen" erschienen[83]. Weiter wies er darauf hin, dass es nicht ausreiche, nur gute Wirtschaftsbeziehungen zu unterhalten. Auch die „politische, moralische und kulturelle Dimension" müsse entwickelt werden. Sein Land wünsche die Zusammenarbeit mit dem Westen, doch wenn es keine andere Wahl habe, werde es „selbst mit dem Teufel paktieren", also mit der UdSSR. Diese Floskel vom Pakt mit dem Teufel schien Jalloud zu gefallen; schon beim Gespräch mit Genscher im Juni 1979 hatte er sie gebraucht. Genscher antwortete taktisch geschickt, dass er an seinem Willen zur Vertiefung der politischen Beziehungen doch „nie Zweifel" gelassen habe, was allerdings nur die halbe Wahrheit war[84].

Bundeskanzler Schmidt bat, umgehend über die Gespräche Genschers mit Jalloud informiert zu werden. Die Aufzeichnung, die ihm das Auswärtige Amt vorlegte, war ein klassisches Beispiel für die dort vorherrschende

---

[82] PA/AA, B 36, Ref. 311, Bd. 137683, Aufzeichnung von Ministerialdirektor Gorenflos vom 3.7.1981.
[83] PA/AA, B 36, Ref. 311, Bd. 137683, Aufzeichnung des Referats 105 vom 10.7.1981 über das Gespräch am 7.7.1981.
[84] PA/AA, B 1, Ref. 010, Bd. 178843, Aufzeichnung des Vortragenden Legationsrats Hans Friedrich von Ploetz, Ref. 010, vom 16.7.1981 über die Gespräche am 6./7.7.1981.

Einschätzung der deutsch-libyschen Beziehungen. Zwar fehlte der Hinweis nicht, Gaddafi habe das „Ansehen eines schwer bewaffneten, unseriösen Condottiere", doch es war ebenso von der „chronische[n] Angst" eines nur etwa drei Millionen Menschen zählenden afrikanischen Staates die Rede, „von den bevölkerungsreichen Nachbarn eingekreist und mit amerikanischer Hilfe bedroht zu werden". Dass jene Angst ihre Ursachen vor allem in der eigenen Politik hatte, fand immerhin Erwähnung. Die Rolle der Westeuropäer sollte sich nach den Vorstellungen des Auswärtigen Amts von derjenigen der Vereinigten Staaten unterscheiden und darin bestehen, Libyen eine Alternative zur Anlehnung an die UdSSR zu bieten und die sowjetische Präsenz in diesem strategisch wichtigen Raum so klein wie möglich zu halten. Diese Haltung entsprach auch den großen wirtschaftlichen Interessen der Bundesrepublik in Libyen, wobei die momentane „Reisediplomatie", die Tripolis entfaltete, als Beleg dafür galt, dass die libysche Regierung „zurücksteckt"[85].

Natürlich konnte Gaddafi kaum daran interessiert sein, dass sich die Beziehungen seines Landes zu den unmittelbaren Nachbarstaaten, zu den USA und den wichtigsten westeuropäischen Staaten gleichzeitig verschlechterten. Insoweit war es eigentlich keine allzu große Überraschung, dass er gerade auf die europäische Karte setzte, um die Isolation seines Landes zu durchbrechen. Dieser instrumentelle Charakter der libyschen Europapolitik wurde in der Bundesrepublik freilich nicht wirklich durchschaut; sie war in hohem Maße taktisch bestimmt und ohne solides, verlässliches Fundament. Dies zeigte sich etwa daran, dass Gaddafi im Tschad kein bisschen zurücksteckte, wie auf der Gipfelkonferenz der OAE-Mitgliedstaaten vom 24. bis 28. Juni 1981 in Nairobi deutlich wurde, die Libyen nach „massiven […] Manipulationen"[86] als Sieger verließ. Die Konferenz verabschiedete eine Resolution, die den aktuellen Zustand faktisch sanktionierte, weil sie den Abzug der libyschen Truppen aus dem Tschad von zwei kaum zu erfüllenden Voraussetzungen abhängig machte, nämlich von einem diesbezüglichen Wunsch von Gaddafis Mann in N'Djamena, Goukouni Weddeye, und von der Einsetzung einer afrikanischen Friedenstruppe. Das libysche Ziel, den Tschad dauerhaft zu kontrollieren, blieb folglich auf der Tagesordnung. Da die Konferenz außerdem Tripolis als Tagungsort für das

---

[85] PA/AA, B 36, Ref. 311, Bd. 137683, Aufzeichnung des Referats 311 vom 9.7.1981, die Staatssekretär von Staden am Folgetag von Ministerialdirektor Gorenflos mit der Bitte um Weiterleitung an das Bundeskanzleramt vorgelegt wurde.
[86] PA/AA, B 34, Ref. 320, Bd. 127790, Aufzeichnung des Vortragenden Legationsrats I. Klasse Hans Hermann Haferkamp, Ref. 321, vom 18.8.1981.

nächste Gipfeltreffen bestimmte und Gaddafi damit automatisch zum kommenden Präsidenten der OAE avancierte, wuchs das außenpolitische Prestige des libyschen Revolutionsführers[87].

Im Sommer 1981 eskalierte dann der amerikanisch-libysche Konflikt. Vom 17. bis 19. August 1981 fanden in der Großen Syrte, die Libyen zu seinen Hoheitsgewässern zählte, Manöver der US-Marine statt. Damit bekräftigte die Reagan-Administration ihre Haltung, die Große Syrte zähle zu den internationalen Gewässern, und erhöhte zugleich den politischen Druck auf das Regime in Tripolis. In der spezifischen Frage des Seerechts bestanden zwischen der Bundesregierung und der amerikanischen Regierung keine Differenzen. Nach einem unprovozierten libyschen Angriff auf zwei Flugzeuge der 6. US-Flotte schossen die Amerikaner am 19. August 1981 zwei der angreifenden Maschinen mit Raketen ab. Die Piloten konnten sich retten, Todesopfer waren nicht zu beklagen, doch es handelte sich um einen ernsten Zwischenfall, der im Auswärtigen Amt verstärkte Kritik an der amerikanischen Libyen-Politik aufkommen ließ. Als wichtiges Motiv wurde dabei die „außen- und innenpolitische Wirkung amerikanischer Stärkebeweise" ausgemacht, die Gaddafi aber nicht schwächen, sondern durch Solidarisierungseffekte in Libyen und in der Dritten Welt eher stärken würden[88].

Nach dem Zwischenfall in der Großen Syrte – der auch eine indirekte Konfrontation zwischen den beiden Weltmächten USA und UdSSR bedeutete, weil die abgeschossenen libyschen Flugzeuge von den Sowjets geliefert worden waren – ließ Gaddafi eine stark antiwestliche Haltung erkennen. In Ansprachen erklärte er, Libyen werde sich nun mehr dem Ostblock zuwenden. Im Kampf gegen die amerikanischen Aggressoren seien auch Stützpunkte der NATO in Südeuropa nicht tabu. Diese Verbalattacke war und blieb eine leere Drohung. Die Ankündigung einer verstärkten Hinwendung zur UdSSR und ihren Verbündeten musste dagegen ernst genommen werden, weil Gaddafis „Angst vor den Vereinigten Staaten" real war. Es stand nur nicht zu erwarten, dass er bereit war, Libyens nationale Unabhängigkeit zu opfern[89].

---

[87] PA/AA, B 36, Ref. 311, Bd. 137683, Aufzeichnung von Ministerialdirektor Gorenflos vom 3.7.1981.

[88] PA/AA, B 36, Ref. 311, Bd. 137684, Aufzeichnung des Referats 311 vom 20.8.1981; ferner B 52, Ref. 422, Bd. 121338, Fernschreiben 475 von Botschaftsrat Erck vom 19.8.1981.

[89] PA/AA, B 36, Ref. 311, Bd. 137684, Aufzeichnung von Ministerialdirigent Montfort vom 11.9.1981.

110 Die große Krise

Am 19. August 1981, es war der Tag des militärischen Zwischenfalls im Bereich der Großen Syrte, unterzeichneten Libyen, Äthiopien und der Südjemen in Aden einen Vertrag über Freundschaft und Zusammenarbeit. Dieser Vertrag sah eine umfassende politische, wirtschaftliche und militärische Zusammenarbeit vor, beinhaltete eine automatische Beistandspflicht, sollte ein Vertragspartner angegriffen werden, und bekundete zudem die Absicht, die Beziehungen zu den sozialistischen Staaten zu intensivieren. Als Urheber des Abkommens galt der südjemenitische Präsident Ali Nasser Mohammed, der sich um ein Gegengewicht gegen die 1980 vertraglich besiegelte militärische Kooperation der Vereinigten Staaten mit Kenia, Oman und Somalia bemühte. Diese Kooperation demonstrierte in besonderer Weise die bereits unter Präsident Carter eingeleitete Politik der USA, die Zugänge zum Persischen Golf und zum nordwestlichen Indischen Ozean zu sichern[90].

Das Auswärtige Amt maß dem trilateralen Vertrag sowohl militärisch als auch wirtschaftlich nur geringe Bedeutung zu. Besorgniserregend war allerdings, dass sich radikale, scharf antiamerikanische Staaten zusammengefunden hatten, die militärisch alle von der UdSSR abhingen. Diese Allianz der „Ohnmächtigen" zeige, dass die amerikanische Politik kritische Staaten „weiter antagonisiert, solidarisiert und der Sowjetunion öffnet"; zudem müsse man eine „Verschärfung der innerarabischen Spaltung durch diese Polarisierung" konstatieren. Die Botschaft in Tripolis schätzte die Lage ähnlich ein. Der Vertrag sei ein politischer Erfolg Gaddafis, ausgelöst durch eine „ungeschickte US-Politik". Die Amerikaner hätten übersehen, dass jeder arabische Politiker, sogar ein unseriöser, der sich die offene Feindschaft der USA zuziehe, mit Sympathien in der arabischen Welt rechnen könne. Allerdings vertrat die Botschaft auch die Auffassung, dass das trilaterale Abkommen nicht besonders von der UdSSR gefördert worden sei. Ein stärkerer libyscher Einfluss in Äthiopien und im Südjemen könne kaum in ihrem Interesse liegen[91].

Nach der Ermordung des ägyptischen Präsidenten Sadat während einer Militärparade in Kairo am 6. Oktober 1981, die in Libyen mehrere Tage gefeiert wurde, traten die Amerikaner mit einer „wahren Flut scharf formulierter Erklärungen gegen Gaddafi" hervor. Diese Erklärungen erweckten

---

[90] PA/AA, B 36, Ref. 311, Bd. 137686, Aufzeichnung des Vortragenden Legationsrats I. Klasse Schlagintweit vom 29.9.1981; die folgenden Zitate finden sich ebenda.
[91] PA/AA, B 36, Ref. 311, Bd. 137686, Fernschreiben 490 von Botschaftsrat Erck vom 25.8.1981.

den Eindruck, als sei Gaddafi in das Attentat auf Sadat involviert, wofür es keinen Beleg gab. Vizepräsident George Bush bezeichnete den libyschen Revolutionsführer am 9. Oktober 1981 vor dem *National Press Club* in Washington sogar als „the world's principal terrorist". In der amerikanischen Administration gab es jedoch erhebliche Meinungsverschiedenheiten. Botschafter Hermes berichtete nach einer Unterredung mit einem hohen Beamten im *State Department,* der um Quellenschutz bat, dass dieser die Bedenken der westeuropäischen Bündnispartner teile: Gaddafi könne nicht einfach als Werkzeug der Sowjets bezeichnet werden, aber eine harte Libyen-Politik werde ihn letztlich in deren Arme treiben[92]. Ohne Zweifel waren es vor allem Präsident Reagan, Vizepräsident Bush und Außenminister Haig, die den Konfrontationskurs durchziehen wollten. Mitte November 1981 wurden die Verbündeten in einer Sondersitzung des Ständigen NATO-Rats über die amerikanische Sicht der libyschen Afrikapolitik unterrichtet. Die Vertreter der USA legten Satellitenaufnahmen vor, die zeigen sollten, wie sehr die militärische Schlagkraft Libyens gewachsen war[93].

Die Meinungsverschiedenheiten zwischen der Bundesrepublik und den anderen westeuropäischen Staaten auf der einen sowie der Reagan-Administration auf der anderen Seite traten immer klarer zutage. Im Auswärtigen Amt wurde vermutet, die USA zielten darauf ab, Gaddafi durch politischen und wirtschaftlichen Druck auszuschalten. Die Bundesregierung gedachte dagegen, die „Politik der Kontakte und der Ermutigung" fortzuführen, weil äußerer Druck nur stabilisierend wirken könne. Es galt, ein „Minimum an Rationalität und Information" zu erhalten, um Gaddafi nicht in die Arme der UdSSR zu treiben und die deutsche Wirtschaft nicht zu beschädigen, die auf libysche Aufträge viel stärker angewiesen war als die amerikanische[94]. Es lag deshalb ganz eindeutig auf der politischen Linie der Bundesregierung, dass der Bundestagsabgeordnete Jürgen Möllemann (FDP) am 17. November 1981 in Tripolis ein Gespräch mit Gaddafi führte. Botschafter Held fasste diese Unterhaltung so zusammen: Man habe es mit einem sich „zunehmend mäßigenden" Gaddafi zu tun, der darum gebeten habe, auf die USA einzuwirken, um einen amerikanisch-libyschen Dialog zu ermöglichen. Held sprach sich folglich für einen Besuch Gaddafis in der Bundesrepublik

---

[92] PA/AA, B 36, Ref. 311, Bd. 137686, Fernschreiben 4227 von Botschafter Hermes vom 22. 10. 1981.
[93] PA/AA, B 34, Ref. 320, Bd. 127790, Fernschreiben 1880 des Leiters der Ständigen Vertretung bei der NATO in Brüssel, Botschafter Hans-Georg Wieck, vom 18. 11. 1981. Die Unterrichtung des NATO-Rats fand am 16. 11. statt.
[94] PA/AA, B 36, Ref. 311, Bd. 137686, Aufzeichnung des Referats 311 vom 4. 12. 1981.

aus[95]. Hier zeigte sich einmal mehr die der westdeutschen Libyen-Politik inhärente Gutgläubigkeit. Sicher war es richtig, den politischen Dialog fortzuführen; aus taktisch bedingten Einzelaussagen auf eine grundlegend veränderte Haltung der libyschen Führung zu schließen, zeugte aber nicht von Einsicht und Lernfähigkeit.

Die amerikanisch-libyschen Beziehungen verschlechterten sich unterdessen weiter. Am 7./8. Dezember 1981 trat der Nationale Sicherheitsrat der USA unter dem Vorsitz des Präsidenten zusammen, um über Konsequenzen aus der – angeblichen – Entsendung libyscher Kommandos zu beraten, die höchste Regierungsmitglieder ermorden sollten[96]. Gaddafi wies die schweren amerikanischen Vorwürfe in einem am 6. Dezember ausgestrahlten Interview für den Sender *American Broadcasting Company* energisch zurück. Nach eigenen Angaben verfügte das *State Department* über „starke Hinweise" für einen solchen Anschlag. Die Sicherheitsmaßnahmen für Reagan, Bush, Haig und andere Personen wurden verschärft[97]. Am 11. Dezember erklärte die Regierung in Washington, dass amerikanische Pässe für Reisen nach Libyen ungültig seien. Wieder einmal wurden alle Amerikaner aufgefordert, Libyen so bald wie möglich zu verlassen. Botschafter Hermes vertrat die Meinung, die Haltung der Reagan-Administration sei „von Zügen der Obsession nicht immer ganz frei"[98].

Verzweifelt klammerte sich die Bundesregierung an die Hoffnung, Gaddafi wolle die Beziehungen zu den USA tatsächlich verbessern. Nach einem Gespräch mit Belgassem am 14. Dezember 1981 informierte Genscher seinen amerikanischen Amtskollegen Haig, Belgassem wolle sich alle Mühe geben, Gaddafi dahin zu beeinflussen, einen vernünftigen Weg einzuschlagen. Allerdings musste der Außenminister einräumen, dass Belgassems Position in Tripolis schwer zu beurteilen sei[99]. Trotz der Erklärungen des libyschen Emissärs blieb es bei der Konfrontation zwischen Libyen und den USA. Das Auswärtige Amt beurteilte das amerikanische Vorgehen daher nach wie vor kritisch. Es habe in den letzten Monaten „keinen Anlass zu

---

[95] PA/AA, B 36, Ref. 311, Bd. 137683, Fernschreiben 640 von Botschafter Held vom 18.11.1981.
[96] PA/AA, B 36, Ref. 311, Bd. 137686, Fernschreiben 4957 von Botschafter Hermes vom 8.12.1981.
[97] PA/AA, B 36, Ref. 311, Bd. 137686, Fernschreiben 4946 von Botschafter Hermes vom 7.12.1981.
[98] PA/AA, B 36, Ref. 311, Bd. 137686, Fernschreiben 4997 von Botschafter Hermes vom 11.12.1981.
[99] Schreiben Genschers an Haig vom 14.12.1981, in: AAPD 1981, Dok. 369, S. 1982 ff.

Gaddafi, Kreisky und die Friedensbewegung 113

einem so harten Eingriff" gegeben. Immerhin habe Gaddafi im November 1981 begonnen, seine Truppen aus dem Tschad abzuziehen. Dass sich mit diesem Rückzug die Ziele der libyschen Politik in der Sahel-Zone nicht geändert hatten, sondern dass der Abzug vor allem aus einer Überforderung der Ressourcen des Landes resultierte, blieb dabei unberücksichtigt. Libyen erschien den Vertretern des Auswärtigen Amts als ein „geeignetes Demonstrationsobjekt einer neuen, kraftvollen [...] Rolle der Vereinigten Staaten im Nahen Osten", der stark übertriebene Konflikt als Teil der amerikanischen Ost-West-Politik, bei der Gaddafi als „potentieller Degen" der Sowjets bekämpft wurde. Eine Entspannung schien unter diesen Umständen nicht möglich zu sein[100]. Begrüßt wurde der erneute Aufenthalt Möllemanns in Libyen am 20./21. Dezember 1981, dieses Mal in seiner Funktion als Vorsitzender der Deutsch-Arabischen Gesellschaft. Gaddafi und Außenminister al-Treiki widmeten dem Gast jeweils einige Stunden für Gespräche, wobei Gaddafi den Wunsch nach deutscher Vermittlung im libysch-amerikanischen Konflikt äußerte. Die Botschaft in Tripolis nahm daher an, die Bundesregierung habe wieder einen „heißen Draht" zur dortigen Führung[101].

3. Gaddafi bei Kreisky 1982 – und die Friedensbewegung bei Gaddafi

Die Differenzen zwischen den USA und der Bundesrepublik in der Libyen-Politik zeigten sich offen Anfang März 1982 anlässlich der Demarche eines Vertreters der US-Botschaft beim Leiter des Referats 311 im Auswärtigen Amt, Reinhard Schlagintweit. Die USA kündigten für die Woche ab 8. März eine Reihe von Sanktionen an. Dazu gehörten das Verbot der Einfuhr von Rohöl aus Libyen und die Verschärfung der Kontrollen amerikanischer Exporte nach Libyen. Alle Ausfuhren, mit Ausnahme von Arzneimitteln und landwirtschaftlichen Gütern, sollten lizenzpflichtig werden, wobei für Güter, die aus Gründen der nationalen Sicherheit der Kontrolle unterlagen, sowie für Technologie zur Förderung von Erdöl und Erdgas grundsätzlich keine Ausfuhrgenehmigungen erteilt werden sollten[102]. Diese Ankündigung verschärfte die europäisch-amerikanischen Meinungsverschiedenheiten über den Wert solcher Maßnahmen, die sich bereits gezeigt

---

[100] PA/AA, B 34, Ref. 320, Bd. 127791, Aufzeichnung des Referats 311 vom 17.12.1981.
[101] PA/AA, B 36, Ref. 311, Bd. 137683, Fernschreiben 724 von Botschafter Held vom 21.12.1981.
[102] PA/AA, B 52, Ref. 422, Bd. 135577, Aufzeichnung von Ministerialdirektor Gorenflos vom 5.3.1982.

114 Die große Krise

hatten, als die USA nach der Ausrufung des Kriegsrechts in Polen am 13. Dezember 1981 Sanktionen gegen die UdSSR und Polen verhängt hatten[103]. So berechtigt die harsche Kritik am konfrontativen Vorgehen der USA war, so wenig ließ sich das Argument von der Hand weisen, dass sich die libysche Politik weiter durch „fortwährende Verletzung internationaler Verhaltensnormen" auszeichne, wie amerikanische Vertreter betonten. Ein „Brückenschlag" zu Gaddafi werde, so die Überzeugung der US-Regierung, an der Sache nichts ändern. Dazu notierte Ministerialdirektor Walter Gorenflos, die Bundesregierung solle keine Erklärungen zugunsten der amerikanischen Sanktionen abgeben, sondern die „Politik der Kontakte" fortsetzen[104]. Allerdings schloss das Auswärtige Amt – im Gegensatz zur Botschaft in Tripolis – einen offiziellen Besuch Gaddafis in der Bundesrepublik zum gegenwärtigen Zeitpunkt aus, ebenso eine private Reise, zu der Gaddafi von Möllemann eingeladen worden war[105].

Am 10. März 1982 gab das *State Department* die Sanktionen gegen Libyen offiziell bekannt. Auch wenn parallele Maßnahmen der europäischen Bündnispartner nicht erwartet wurden, erging an sie die unmissverständliche Empfehlung, ihre politischen und wirtschaftlichen Beziehungen zu Libyen zu überprüfen. Die Reagan-Administration war sich durchaus im Klaren darüber, dass die Sanktionen letztlich nur beschränkte wirtschaftliche Auswirkungen haben würden[106]. Wichtig war vor allem das politische Signal, das davon ausgehen sollte. In der Tat wurde den Sanktionen im Auswärtigen Amt keine große ökonomische Bedeutung beigemessen, was hauptsächlich daran lag, dass die libysche Ölförderung wegen starrer Hochpreispolitik stark gesunken war. Ein Mangel an amerikanischen Fachkräften und Ersatzteilen konnte sich deshalb kaum bemerkbar machen. Die Schließung des

---

[103] Präsident Reagan ordnete am 23. 12. 1981 Sanktionen gegen Polen an. Dazu gehörten u. a. der Stopp der Erneuerung der Exportkreditbürgschaft der Export-Import-Bank für die polnische Regierung und die Einstellung der Lieferung von staatlich subventionierten Landwirtschafts- und Milchprodukten. Am 29. 12. 1981 verkündete Reagan Sanktionen gegen die UdSSR. Dazu zählten u. a. die Suspendierung der Ausgabe oder Erneuerung von Lizenzen für den Export von elektronischer Ausrüstung, Computern und anderen hochtechnologischen Geräten sowie die Suspendierung der Ausstellung von Lizenzen für den Export von Ausrüstung zur Öl- und Gasförderung.
[104] PA/AA, B 52, Ref. 422, Bd. 135577, Aufzeichnung von Ministerialdirektor Gorenflos vom 5. 3. 1982.
[105] PA/AA, B 36, Ref. 311, Bd. 137733, Aufzeichnung von Ministerialdirektor Gorenflos vom 21. 1. 1982.
[106] PA/AA, B 52, Ref. 422, Bd. 135577, Fernschreiben 1141 von Botschafter Hermes vom 10. 3. 1982.

Gaddafi, Kreisky und die Friedensbewegung 115

amerikanischen Ölmarkts fiel ebenso wenig ins Gewicht, weil die Importe der USA aus Libyen in den letzten Monaten bereits erheblich zurückgegangen waren. Für die politische Führung in Tripolis war es viel problematischer, dass sich die Schere zwischen Ausgaben und Einnahmen immer weiter öffnete, aber das lag nicht an den Sanktionen[107].

Die Bundesregierung steckte in einem Dilemma. Auf der einen Seite konnte sie die Sanktionen der USA aus politischen und wirtschaftlichen Gründen nicht gutheißen, auf der anderen Seite wollte sie die Politik ihres wichtigsten Bündnispartners nicht desavouieren. Schlussendlich tat sie aber genau letzteres, und das ohne große Skrupel. Am 29. März 1982 notierte Schlagintweit, die USA hätten mehrfach um Zurückhaltung beim Export von Waffen und sonstigen Gütern von strategischer Bedeutung nach Libyen gebeten[108]. Prinzipiell hielt die Bundesregierung zwar an ihrer Linie fest, keine Kriegswaffen und sonstigen Rüstungsgüter kriegswaffennahen Charakters zu liefern, aber ansonsten verlief der deutsch-libysche Wirtschaftsverkehr weitgehend ungestört und erreichte auch 1982 ein beachtliches Volumen. Der Wert der Einfuhren aus Libyen lag bei über sieben Milliarden DM, der Wert der Ausfuhren bei ungefähr 2,8 Milliarden DM[109].

Als Gaddafi am 20. Oktober 2011 in Sirte den Tod fand, hatte er weder Bonn noch das vereinte Berlin gesehen. Nie war er in der Bundesrepublik offiziell zu Gast gewesen. Aber bis Wien kam er immerhin. Am 10. März 1982, an dem Tag, an dem die Sanktionen der USA gegen Libyen öffentlich bekannt gegeben wurden, traf er dort zu einem viertägigen Besuch ein. Die Einladung war auf Betreiben von Bundeskanzler Bruno Kreisky (SPÖ) erfolgt. Lange Zeit wurde dieser Besuch „streng geheim gehalten". Erst am 8. März 1982 bestätigte der österreichische Außenminister Willibald Pahr dieses Vorhaben gegenüber dem Botschafter der Bundesrepublik in Wien. Maximilian Graf von Podewils-Dürniz teilte dazu mit, der Aufenthalt werde „bewusst" weder als Staatsbesuch noch als inoffizieller Besuch bezeichnet. Ein Treffen mit Bundespräsident Rudolf Kirchschläger, der aufgrund einer Lungenentzündung ohnehin im Krankenhaus lag, war von vornherein nicht geplant, um den Charakter eines Staatsbesuchs zu vermeiden[110].

---

[107] PA/AA, B 52, Ref. 422, Bd. 135577, Aufzeichnung des Vortragenden Legationsrats I. Klasse Heinrich-Dietrich Dieckmann, Ref. 405, vom 23.3.1982.
[108] PA/AA, B 36, Ref. 311, Bd. 137735, Aufzeichnung des Vortragenden Legationsrats I. Klasse Schlagintweit vom 29.3.1982.
[109] Vgl. Statistisches Jahrbuch für die Bundesrepublik Deutschland 1986, S. 269f.
[110] PA/AA, B 36, Ref. 311, Bd. 137733, Fernschreiben 102 von Botschafter Maximilian Graf von Podewils-Dürniz, Wien, vom 8.3.1982. Vgl. ferner Bruno Kreisky, Der Mensch

Bei einer Pressekonferenz legte Kreisky am 9. März 1982 seine Motive für die Einladung Gaddafis dar. Er wollte die Wirtschaftsbeziehungen entpolitisieren, Arbeitsplätze sichern und Gaddafi aus dessen selbstverschuldeter internationaler Isolation heraushelfen. Dazu kam wohl das Bemühen, Österreich vor Terroranschlägen zu bewahren. Überdies neigte Kreisky zu einem unübersehbaren Geltungsdrang, und als sein Stern Anfang der 1980er Jahre zu sinken begann, war es naheliegend, spektakuläre Aktionen wie die Einladung Gaddafis zu starten, dem – so der österreichische Regierungschef – nicht nachzuweisen sei, dass er zu den Drahtziehern des Terrorismus gehöre. In diesem Zusammenhang erwähnte der Kanzler andere außenpolitische Beschlüsse in seiner Regierungszeit. Er betonte, dass seine Haltung gegenüber der PLO viele Nachahmer gefunden habe und sein Besuch in der DDR vom 30. März bis 1. April 1978 richtig gewesen sei[111]. Kreisky war der erste Regierungschef eines westeuropäischen Staates, der die DDR besucht hatte[112]. Sein recht gespanntes Verhältnis zu Israel – trotz oder wegen seiner jüdischen Herkunft – ging mit einer großen Aufgeschlossenheit für die Anliegen der Palästinenser und der arabischen Staaten einher. So bedeutete etwa das von Kreisky arrangierte Treffen mit Willy Brandt, dem SPD-Vorsitzenden und Präsidenten der Sozialistischen Internationale, und Jassir Arafat vom 6. bis 8. Juli 1979 in Wien einen Prestigegewinn für die PLO. In Israel stieß das Treffen auf harte Kritik[113].

Die Berichte, die Botschafter von Podewils-Dürniz an das Auswärtige Amt in Bonn sandte, vermittelten ein bizarres Bild. Gaddafi fiel mit einer über hundertköpfigen Delegation und einer enormen Menge an Gepäck in mehrere Wiener Hotels ein, verschlief zum Teil seine Termine, sagte sie zum Teil kurzfristig ab, ging dafür lieber zum Einkaufsbummel, und äußerte

im Mittelpunkt. Der Memoiren dritter Teil, hrsg. von Oliver Rathkolb, Johannes Kunz und Margit Schmidt, Wien 1996, S. 183 ff. und S. 211 ff.; Wolfgang Petritsch, Bruno Kreisky. Die Biografie, St. Pölten/Salzburg 2010, S. 326–332; Riegler, Fadenkreuz, S. 98–112; Maria Steiner, Die Beziehung zwischen Bundeskanzler Bruno Kreisky und Libyens Revolutionsführer Muammar al-Gaddafi, in: Fritz Edlinger/Erwin M. Ruprechtsberger (Hrsg.), Libyen. Geschichte, Landschaft, Gesellschaft, Politik, Wien 2009, S. 111–135.
[111] PA/AA, B 36, Ref. 311, Bd. 137733, Fernschreiben 105 von Botschafter von Podewils-Dürniz vom 10.3.1982.
[112] Vgl. Friedrich Bauer/Enrico Seewald, Bruno Kreisky in Ost-Berlin 1978. Ein Besuch der besonderen Art, Innsbruck 2011.
[113] Zu Kreiskys Nahost-Politik vgl. Riegler, Fadenkreuz, S. 53–112; Röhrlich, Außenpolitik, S. 301–330; Robert Kriechbaumer, Die Ära Kreisky. Österreich 1970–1983 in der historischen Analyse, im Urteil der politischen Kontrahenten und in Karikaturen von Ironimus, Wien u. a. 2006, S. 268–283.

sich in Pressekonferenzen teils wirr, teils aggressiv. Auf die Frage nach libyschen Exilanten in Österreich antwortete er, es gebe nur zwei und einer befinde sich im Irrenhaus. Gaddafis Besuch löste im österreichischen Parlament eine hitzige Auseinandersetzung aus. Während Vertreter der Regierungspartei SPÖ auf wirtschaftliche Vorteile hinwiesen und Gaddafis Annäherung an Westeuropa positiv bewerteten, spielte die ÖVP vor allem die moralische Karte. Sprecher der Volkspartei erklärten, der Besuch sei mit dem Status Österreichs als neutrales Land nicht zu vereinbaren, und befürchteten eine Aufwertung Gaddafis. Kreisky nahm seinen Gast dagegen immer wieder in Schutz, der seinerseits Reagan mit Hitler verglich[114].

Um die Einladung Gaddafis zu rechtfertigen, bemühte Kreisky dieselben Argumente, die auch in der Bundesrepublik immer wieder zu hören waren, wenn es um die politischen Beziehungen zu Libyen ging: wirtschaftliche Aspekte; die Notwendigkeit, den Gesprächsfaden nicht abreißen zu lassen, um Einflussmöglichkeiten zu behalten; Gaddafi dem Westen und dessen Wertvorstellungen gegenüber zugänglich zu machen; ihn von einseitigen Bindungen an den Osten abzuhalten; die Konfrontation nicht weiter zu verschärfen und Libyens außenpolitische Isolation zu verhindern.

Die Regierungen in Bonn und Wien müssen sich an diesen Motiven messen lassen, und hier fiel das Resultat ernüchternd aus. So urteilte sogar die Botschaft der Bundesrepublik in Tripolis Ende März 1982, Gaddafis Reise habe weder Österreich noch Libyen noch Westeuropa etwas eingebracht. Auch wirtschaftlich blieb dieser Besuch, von einem späteren Rüstungsgeschäft der VÖEST abgesehen, ohne große Ergebnisse. Gaddafi war das erste Mal in einer westeuropäischen Hauptstadt offiziell empfangen worden, aber es war ihm natürlich bewusst, dass es sich bei Wien nicht um Bonn, London oder Paris handelte[115].

Dennoch ist stark anzunehmen, dass es bald zu einem Besuch Gaddafis in der Bundesrepublik gekommen wäre – wenn erstens die USA in der Außenpolitik der Bundesregierungen keine so herausragende Rolle gespielt hätten und zweitens Libyen sich in den 1980er Jahren außenpolitisch zurückgehalten hätte. So aber musste man „nolens volens" auf die Amerikaner Rücksicht nehmen, auch wenn die feste Überzeugung vorherrschte, dass sich deren harte Politik nicht auszahlen werde.

---

[114] PA/AA, B 36, Ref. 311, Bd. 137733, Fernschreiben 111 und 114 von Botschafter von Podewils-Dürniz vom 12.3.1982.
[115] PA/AA, B 36, Ref. 311, Bd. 137733, Fernschreiben 199 von Botschafter Held vom 30.3.1982; zum Folgenden vgl. ebenda.

118   Die große Krise

Die USA reagierten auf Kreiskys Politik mit deutlicher Kritik. Am 12. März 1982 wurde der österreichische Botschafter in Washington, Thomas Klestil, in das Außenministerium zitiert[116]. Auch Außenminister Pahr, der sich vom 13. bis 15. März zu einem bereits länger geplanten Aufenthalt in den USA befand, musste sich Missfallensbekundungen anhören. Nach seiner Rückkehr hob der Außenminister hervor, die Einladung Gaddafis sei als Zeichen der „aktive[n] Neutralität" seines Landes zu verstehen. Zugleich äußerte er sich „durchaus skeptisch", ob Gaddafis Signale der Öffnung und Mäßigung glaubhaft seien[117].

Der erhoffte Wandel der libyschen Politik vollzog sich jedenfalls nicht, und seit Mitte der 1980er Jahre war an eine offizielle Einladung Gaddafis in die Bundesrepublik nicht mehr zu denken. Die wichtigsten Ereignisse, die zu einer Verhärtung der Fronten führten, seien hier nur kurz angerissen[118]. Am 27. Dezember 1985 verübten palästinensische Terroristen der Abu-Nidal-Organisation blutige Anschläge auf die Flughäfen Rom-Fiumicino und Wien-Schwechat, genauer gesagt auf wartende Passagiere der israelischen Fluggesellschaft El Al und der amerikanischen Fluggesellschaft *Trans World Airlines*. Man ging davon aus, dass neben Syrien auch Libyen die Attentäter unterstützt hatte[119].

Am 24. März 1986 überquerten amerikanische Kriegsschiffe und Kampfflugzeuge eine von Gaddafi festgelegte „Todeslinie" in der Großen Syrte. Einige libysche Flugzeuge wurden abgeschossen. Daraufhin eskalierte der Konflikt. Bei einem Bombenanschlag auf die West-Berliner Diskothek „La Belle", die bei amerikanischen Soldaten beliebt war, starben am 5. April 1986 drei Menschen; zahllose Besucher erlitten schwere Verletzungen. Die Suche nach den Attentätern und Hintermännern führte später zum libyschen Volksbüro in Ost-Berlin. Zur Vergeltung griffen amerikanische Kampfflugzeuge am 15. April 1986 Ziele in Tripolis und Bengasi an.

Über der schottischen Stadt Lockerbie stürzte am 21. Dezember 1988 ein amerikanisches Passagierflugzeug nach einem Bombenanschlag ab. Nach dreijährigen Ermittlungen wurden zwei Angehörige des libyschen Geheimdiensts als Drahtzieher des Attentats angeklagt, bei dem 270 Menschen umgekommen waren. Da Libyen ihre Auslieferung verweigerte, ergriff der

---

[116] PA/AA, B 36, Ref. 311, Bd. 137733, Schriftbericht 899 von Botschafter Hermes vom 16.3.1982.
[117] PA/AA, B 36, Ref. 311, Bd. 137733, Fernschreiben 120 von Botschafter von Podewils-Dürniz vom 17.3.1982.
[118] Vgl. Patterns of Conduct, S. 23–26.
[119] Vgl. Riegler, Fadenkreuz, S. 293–307.

Sicherheitsrat der Vereinten Nationen 1992/93 umfangreiche Sanktionen[120].
Am 19. September 1989 stürzte ein Passagierflugzeug der französischen Fluggesellschaft *Union de Transports Aériens* über dem Niger ab, das sich auf dem Weg von Brazzaville nach Paris befand; 170 Menschen kamen ums Leben. Mehrere libysche Staatsbürger wurden dieses Verbrechens angeklagt, unter ihnen Abdallah Sanussi, ein Schwager und enger Vertrauter Gaddafis, und Mussa Kussa, der als Chef des Auslandsgeheimdiensts und als Außenminister (2009 bis 2011) noch eine steile Karriere vor sich hatte.

Der anhaltende Terror zeigte, dass weder die harte amerikanische Politik noch die westeuropäische Politik des Dialogs und der Zurückhaltung erfolgreich waren. Gleichzeitig bleibt die Vermutung, dass die Politik der USA zu einer weiteren Radikalisierung der libyschen Haltung nicht unerheblich beitrug. Insoweit war der westeuropäische Kurs der klügere, was allerdings nicht bedeutet, dass er in jeder Hinsicht überzeugte. Eine massive Ausweitung der wirtschaftlichen Beziehungen, wie sie die Bundesrepublik praktizierte, war sicherlich kein adäquater Umgang mit einem Regime, das rechtsstaatliche Prinzipien mit Füßen trat und das Völkerrecht in flagranter Weise verletzte.

Zeichnete sich schon die bundesdeutsche Libyen-Politik nicht selten durch eine frappante Gutgläubigkeit aus, so stand ihr die westdeutsche Friedensbewegung in nichts nach. Über erste Gespräche in Österreich berichtete die Botschaft in Wien lapidar, am 12. März 1982 habe Gaddafi im Hotel eine Delegation von „Alternativen" aus der Bundesrepublik empfangen[121]. Zu dieser Delegation gehörten unter anderem der aus der CSU ausgeschlossene Friedensforscher und Politologe Alfred Mechtersheimer, Roland Vogt vom Bundesvorstand der „Grünen" und Otto Schily von der „Alternativen Liste für Demokratie und Umweltschutz" in West-Berlin. Vogt betonte anschließend in einem Interview, die Friedensbewegung lasse sich von Gaddafi nicht vereinnahmen. Es gebe aber „objektive Interessenüberschneidungen", und man müsse „furchtlos" ausloten, welche Berührungspunkte vorhanden seien[122]. Auf Mechtersheimers Homepage war noch vor kurzem zu lesen:

---

[120] Zum Attentat auf den Pan-American-Flug 103 vgl. Simons, Libya, S. 141–164; Yvonne Schmidt, Die Causa Lockerbie aus völkerrechtlicher Sicht, in: Edlinger/Ruprechtsberger (Hrsg.), Libyen, S. 217–238.
[121] PA/AA, B 36, Ref. 311, Bd. 137733, Fernschreiben 118 und 119 von Botschafter von Podewils-Dürniz vom 15.3.1982.
[122] Frankfurter Allgemeine Zeitung vom 15.3.1982: „Deutsche Atomwaffen-Gegner treffen sich mit Gaddafi".

120 Die große Krise

„Mechtersheimer war bei allen großen Friedens-Manifestationen der 80er Jahre aktiv beteiligt. [...] In dieser Zeit entstand, teilweise gemeinsam mit Otto Schily, der Kontakt zum libyschen Revolutionsführer Gaddafi, der die weltweite Ausdehnung der europäischen Friedensbewegung begünstigte und den oft kritisierten sowjetischen Einfluss auf die Bewegung relativierte. Ein Motiv für die Zusammenarbeit mit Libyen war die Erwartung, dass dadurch auch dessen Einstellung zu Krieg und Gewalt positiv beeinflusst werden würde".[123]

Die Behauptung, Gaddafi habe den Einfluss der UdSSR auf die Friedensbewegung beschränkt, kann nur in das Reich der Fabel verwiesen werden. Auf wenig subtile Weise versucht Mechtersheimer hier, einen der Hauptvorwürfe gegen die Friedensbewegung – ihre Beeinflussung durch Staaten des Warschauer Pakts – zu relativieren. Doch daran hätte Gaddafi allenfalls Interesse haben können, wenn es denn zu einer weitreichenden Kooperation gekommen wäre.

Aber das war nie der Fall. Daran änderte auch ein zweites Treffen Anfang Juli 1982 in Tripolis nichts, an dem wiederum Mechtersheimer, Schily und Vogt sowie Vertreter der Friedensbewegung aus anderen westeuropäischen Staaten teilnahmen. Selbst die „Grünen" distanzierten sich von diesem Besuch und verwiesen darauf, dass es sich nicht um eine Delegation der Partei gehandelt habe. Vogt habe nicht für den Vorstand gesprochen[124]. Gaddafi testete, ob der auch in der Friedensbewegung verwurzelte Antiamerikanismus eine Brücke sein könnte, um die Aktivisten für seine Ziele zu instrumentalisieren. Seine Gesprächspartner loteten ihrerseits aus, ob sie mit Gaddafi einen Gefährten im Kampf gegen den NATO-Doppelbeschluss gewinnen könnten. Ihrem Ziel, die Stationierung von amerikanischen Pershing-II-Raketen und Marschflugkörpern in Westeuropa zu verhindern, kamen sie jedoch kein Stück näher. Ein Artikel im „Spiegel" kommentierte ironisch: „In Libyen gilt grün als Nationalfarbe – freilich nicht aus Umweltgründen, sondern weil es die Farbe des Islam ist."[125] Ferner erwies sich die vage Hoffnung als naiv, das politische System Libyens mit seinen Volkskongressen könnte als Vorbild für neue basisdemokratische Strukturen dienen.

---

[123] Nachzulesen unter: www.mechtersheimer.de/?page_id=11.
[124] Vgl. Frankfurter Allgemeine Zeitung vom 23.7.1982: „Treffen von Grünen und Anhängern der ‚Friedensbewegung' mit Gaddafi".
[125] Der Spiegel vom 26.7.1982: „Wie eine Maus".

4. Ausblick: die Beziehungen zu Libyen unter den Bundeskanzlern Kohl und Schröder

Als Vertreter der Friedensbewegung Gaddafi in Tripolis trafen, waren die Tage der sozial-liberalen Koalition in Bonn bereits gezählt. Nach dem Bruch des Bündnisses wählte die neue christlich-liberale Mehrheit am 1. Oktober 1982 den bisherigen Oppositionsführer Helmut Kohl (CDU) zum Bundeskanzler. Die neue Regierung, in der Genscher Außenminister blieb, sah sich rasch mit neuen Problemen in der Libyen-Frage konfrontiert, als Gaddafi am 7. Oktober in aggressiver Weise eine weitere Mordkampagne ankündigte[126] – eine Drohung, die er vor dem Volkskongress in Bengasi am 9. Oktober wiederholte[127]. Ministerialdirigent Montfort notierte, hinter dieser neuerlichen Radikalisierung ständen innenpolitische Schwierigkeiten und außenpolitische Enttäuschungen. Eine Einladung nach Bonn, London, Rom oder Paris hatte Gaddafi nicht erhalten, und die Präsidentschaft der OAE zu übernehmen, war ihm letztlich doch nicht geglückt. Montfort empfahl, an die libysche Seite eine „ernste Warnung" vor neuen Mordanschlägen auf dem Bundesgebiet zu richten[128].

Die Botschaft in Tripolis versuchte zu beruhigen, indem sie darauf hinwies, dass diese neue Kampagne primär auf libysche Oppositionsgruppen in Ägypten, Marokko, Somalia und im Sudan ziele. Bedroht fühlen musste sich etwa Abdul Hamid al-Bakkusch, der 1967/68 unter König Idris Ministerpräsident gewesen war und von Marokko aus Gaddafis Regime bekämpfte[129]. Doch auch libysche Oppositionelle, die in der Bundesrepublik lebten, konnten ihres Lebens nicht sicher sein. Am 6. April 1985 wurde in Bonn der Asylant Dschibril el-Dinali von einem Schergen Gaddafis auf offener Straße ermordet[130].

Die politischen Beziehungen zwischen der Bundesrepublik und Libyen wurden zudem von der andauernden Haft der drei Deutschen in Tripolis überschattet. Allerdings kam allmählich Bewegung in diese Angelegenheit, als sich das Innen- wie das Justizministerium der Meinung des Auswärtigen

---

[126] PA/AA, B 36, Ref. 311, Bd. 137734, Fernschreiben 554 des Legationsrats I. Klasse Volker Heinsberg, Tripolis, vom 10.10.1982.
[127] PA/AA, B 36, Ref. 311, Bd. 137734, Fernschreiben 568 des Legationsrats I. Klasse Heinsberg vom 12.10.1982.
[128] PA/AA, B 36, Ref. 311, Bd. 137733, Aufzeichnung von Ministerialdirigent Montfort vom 14.10.1982.
[129] PA/AA, B 36, Ref. 311, Bd. 137734, Fernschreiben 580 des Legationsrats I. Klasse Heinsberg vom 19.10.1982.
[130] Vgl. Der Spiegel vom 15.4.1985: „Wo ist Musbah Eter?"

122   Die große Krise

Amts anschlossen, dass ein Austausch gegen den verurteilten Mörder Ehmida kaum zu vermeiden sei. Das Innenministerium wollte Belgassem – als wichtigem Gesprächspartner des BKA – einen Gefallen tun, und das Justizministerium stellte seine bisherigen Bedenken zurück. Fortan lag es an der zuständigen Regierung des Landes Nordrhein-Westfalen, sich für oder gegen einen solchen Austausch auszusprechen[131]. Schließlich konnte der Häftlingsaustausch im Mai 1983 vollzogen werden. Ehmida wurde am 7./8. Mai nach Libyen abgeschoben, die drei Deutschen und ein weiterer inhaftierter deutscher Staatsbürger – Angehöriger einer in Libyen tätigen Firma – kamen zeitgleich frei. Diesem Austausch folgte wenige Tage später ein weiterer. Acht kürzlich wegen angeblicher Spionage festgenommene Firmenvertreter wurden gegen zwei Libyer ausgetauscht, die in der Bundesrepublik wegen Folter von Oppositionellen unter Anklage standen[132].

Der Wirtschaftsverkehr lief dagegen auch in den ersten Jahren der christlich-liberalen Koalition ungehindert weiter. Der Wert der Einfuhren aus Libyen lag zwischen 1983 und 1985 bei jeweils über sechs Milliarden DM, und der Wert der Ausfuhren bewegte sich zwischen 1,5 und 2,3 Milliarden DM. Libyen war damit der wichtigste beziehungsweise zweitwichtigste Wirtschaftspartner der Bundesrepublik in Afrika[133].

Eine Wende trat erst im Frühjahr 1986 ein, als die Spannungen nach dem Anschlag auf die Diskothek „La Belle" in West-Berlin und den Zusammenstößen zwischen Libyen und den USA einen Höhepunkt erreichten. Diese Konfrontation führte zu einer langjährigen politischen Entfremdung und einem deutlichen Rückgang des bilateralen Wirtschaftsverkehrs, auch wenn Libyen insgesamt immer noch einer der wichtigsten Wirtschaftspartner in Afrika blieb. Der Jahreswert der Importe der Bundesrepublik sank um etwa vier Milliarden DM, und der Wert der Ausfuhren lag nur noch bei ungefähr einer Milliarde DM[134]. Die Sanktionen, die die EG im April 1986 ergriff, waren dafür allerdings nicht ursächlich. Sie sahen unter anderem eine Reduzierung des libyschen diplomatischen und konsularischen Personals vor und erschwerten die Einreise von Libyern in die europäischen Staaten. Die Sanktionen umfassten aber bezeichnenderweise so gut wie keine

---

[131] PA/AA, B 83, Ref. 511, Bd. 1698, Aufzeichnung des Vortragenden Legationsrats I. Klasse Lohse vom 30.7.1982.
[132] Vgl. Der Spiegel vom 25.4.1983: „Libyen: ‚Klare Zusagen'" und vom 23.5.1983: „Mahnung aus London"; Süddeutsche Zeitung vom 9.5.1983: „Verurteilter Libyer abgeschoben. Tripolis lässt vier Deutsche frei".
[133] Vgl. Statistisches Jahrbuch für die Bundesrepublik Deutschland 1986, S. 269f.
[134] Vgl. Statistisches Jahrbuch für die Bundesrepublik Deutschland 1989, S. 261f.

Ausblick 123

wirtschaftlichen Maßnahmen. Lediglich die Lieferung von subventionierten Lebensmitteln nach Libyen, etwa Butter, wurde eingestellt[135].

Erst 15 Jahre später begann sich das deutsch-libysche Verhältnis wieder zu entspannen. Diese Normalisierung wurde durch die Besuche von Außenminister Joschka Fischer („Grüne") am 12./13. September 2000 und Bundeskanzler Gerhard Schröder (SPD) am 14./15. Oktober 2004 in Libyen eingeleitet. Fischers Besuch lag vor allem die Absicht zugrunde, für die libysche Hilfe bei der Beendigung des monatelangen Geiseldramas auf der philippinischen Insel Jolo zu danken. Im April 2000 hatten Mitglieder der islamischen Gruppe „Abu Sayyaf" auf der nahe gelegenen Insel Sipadan 22 Touristen entführt, unter ihnen die dreiköpfige Familie Wallert, und die letzten Geiseln erst im September 2000 freigelassen. Dass Libyen damals die Lösegeldforderungen der Entführer übernahm, wurde als Ausdruck einer gezielten Annäherung des Landes an den Westen bewertet[136].

Auch der Besuch Schröders war ein Zeichen für die bewusste Annäherung Libyens an die westliche Welt – und umgekehrt der Bundesrepublik an den arabischen Staat. Die erste Reise eines Bundeskanzlers nach Libyen wurde möglich, nachdem am 3. September 2004 in Tripolis eine Vereinbarung über Entschädigungszahlungen für die Opfer des Attentats auf die Diskothek „La Belle" unterzeichnet worden war. Auch die libyschen Entschädigungsleistungen für die Hinterbliebenen der Opfer von Lockerbie, die im August 2003 auf den Weg gebracht worden waren, sind in diesem Kontext zu sehen. In der Folge fielen auch die letzten Sanktionen der Vereinten Nationen gegen Libyen, die schon 1999 größtenteils aufgehoben worden waren, nachdem Gaddafi einer Überstellung der beiden Beschuldigten an die Niederlande zugestimmt hatte[137]. Diese Kompromissbereitschaft resultierte aus dem Wunsch, die internationale Isolation Libyens zu durchbrechen und die Wirtschaft wieder anzukurbeln, die aus strukturellen Gründen, aber besonders infolge der Sanktionen seit 1992/93 massiv gelitten hatte[138].

[135] Vgl. Hanspeter Mattes, Die militärische Konfrontation zwischen Libyen und den USA 1986. Zur Genese des Konflikts und seinen internationalen Auswirkungen, Hamburg 1986, S. 74–78.
[136] Vgl. Almut Besold, Libyens gezielte Annäherung an den Westen, in: Edlinger/Ruprechtsberger (Hrsg.), Libyen, S. 136–158, hier S. 145f.
[137] Vgl. Schmidt, Causa Lockerbie, in: Edlinger/Ruprechtsberger (Hrsg.), Libyen, S. 227ff.
[138] Vgl. Besold, Annäherung, in: Edlinger/Ruprechtsberger (Hrsg.), Libyen, S. 143ff.; Ismail Dalay, Libyen, in: Wolfgang Gieler (Hrsg.), Die Außenpolitik der Staaten Afrikas. Ein Handbuch: Ägypten bis Zentralafrikanische Republik, Paderborn 2007, S. 230–238, hier S. 234ff.

124 Die große Krise

Der Bundeskanzler reiste in erster Linie aus wirtschaftspolitischen Motiven. Es galt, Libyen als Erdöllieferanten zu erhalten, auch wenn der Anteil libyschen Erdöls am Import der Bundesrepublik nur noch bei etwa elf Prozent lag. Vor allem aber galt es, günstige Voraussetzungen für die Tätigkeit bundesdeutscher Unternehmen in Libyen zu schaffen. Zuvor hatte die Bundesregierung die Rahmenbedingungen schon erheblich verbessert, da für Geschäfte mit Libyen seit Sommer 2004 wieder Hermes-Bürgschaften beantragt werden konnten[139]. 2008 war ein besonders gutes Jahr in den bilateralen Wirtschaftsbeziehungen: Der Wert der Einfuhren lag bei etwas mehr als 5,5 Milliarden Euro, der Wert der Ausfuhren bei gut einer Milliarde Euro. Die Spitzenposition von Südafrika, für das sich bei den Ein- und Ausfuhren ein Gesamtwert von 12,6 Milliarden Euro ergab, konnte Libyen zwar nicht erreichen, aber unter den Handelspartnern der Bundesrepublik auf dem afrikanischen Kontinent rangierte das Land unangefochten an zweiter Stelle vor Ägypten mit gut 3,9 Milliarden Euro[140].

Einige Monate nach Schröders Reise folgte ein Besuch Genschers in Libyen. Mitte Juli 2005 traf der ehemalige Außenminister mit Gaddafi an der Großen Syrte zusammen. Zu den Gesprächsthemen gehörten nach Genschers Angaben die Annäherung Libyens an die Europäische Union und private Initiativen zum wirtschaftlichen Wiederaufbau des Landes. Außerdem dankte Genscher dem Revolutionsführer für seinen Beitrag zur Wiedervereinigung Deutschlands. Er habe sich seinerzeit in Moskau für die deutsche Einheit eingesetzt[141]. In der Tat hatte sich Gaddafi, auch gegenüber der UdSSR, immer für dieses Thema engagiert, zum einen, weil er die Teilung Deutschlands wohl wirklich für widernatürlich hielt, zum anderen, weil er selbst viele Jahre einen Einheitstraum verfolgte, der freilich scheitern musste: die Einheit der arabischen Staaten. Zu Beginn des neuen Jahrtausends hatte sich Libyen zumindest völkerrechtlichen Normen weitgehend angepasst; doch was die Menschenrechte anging, so blieb die Lage besorgniserregend[142]. Zu den vorrangigen Kriterien zählte dieser Aspekt aber bei der Formulierung der deutschen Libyen-Politik nach wie vor nicht.

---

[139] Vgl. Frankfurter Allgemeine Zeitung vom 13.10.2004: „Großes Interesse für ein einst geschmähtes Land"; Der Spiegel vom 18.10.2004: „Eine Welt voller Freunde".
[140] Vgl. Statistisches Jahrbuch für die Bundesrepublik Deutschland 2011, S. 474f.
[141] Vgl. Focus vom 8.8.2005: „Genscher flog zu Gaddafi".
[142] Vgl. den Libyen betreffenden Teil des Menschenrechtsberichts des amerikanischen Außenministeriums für 2010 („2010 Country Reports on Human Rights Practices"); www.state.gov/j/drl/rls/hrrpt/2010/ nea/154467.htm.

V. Bilanz

Welche Eigenheiten die Libyen-Politik der sozial-liberalen Regierungen zwischen 1969 und 1982 besaß, zeigt ein Vergleich mit den Grundzügen der bundesdeutschen Afrikapolitik in den 1970er Jahren. Bis zum Beginn dieses Jahrzehnts hatte die Afrikapolitik vor allem zwei Ziele: die Friedenssicherung, im Sinne der Unterstützung des Entspannungsprozesses in Europa, und die Überwindung der deutschen Teilung[1]. Noch in einer Vorlage, die der Planungsstab des Auswärtigen Amts im September 1972 für Außenminister Scheel anlässlich einer Ansprache vor den Ständigen Vertretern afrikanischer Staaten bei den Vereinten Nationen in New York angefertigt hatte, waren diese Zielsetzungen erkennbar. Danach war die Verringerung der Spannungen in Europa für Afrika besonders bedeutsam, weil die Auseinandersetzungen zwischen West und Ost stets Auswirkungen auf den Kontinent gehabt hätten. Afrikapolitik hieß, die afrikanischen Staaten sollten sich der Bedeutung bewusst werden, die der Entspannung in Europa für den Frieden in der Welt und damit auch für Afrika zukam[2]. Zu dieser Prämisse, die auf einem eurozentrischen Weltbild beruhte, trat als zweite Maxime, die Unterstützung möglichst vieler afrikanischer Länder für die deutschlandpolitischen Anliegen der Bundesrepublik zu gewinnen.

Nach der Machtübernahme Gaddafis Anfang September 1969 waren die bilateralen Beziehungen zunächst maßgeblich von diesen beiden Zielen bestimmt. Unter den Bedingungen des Ost-West-Konflikts beobachtete man in der Bundesrepublik vor allem die außenpolitische Orientierung des nordafrikanischen Staates. Schnell zeigte sich, dass man es bei Gaddafi nicht mit einem sozialistischen Revolutionär zu tun hatte, auch wenn sich die libysche Wirtschaftstätigkeit zehn Jahre nach dem Umsturz praktisch nur noch in der Form von Staatshandel vollzog. Gaddafi ging es in erster Linie darum, den Einfluss westlicher Mächte auszuschalten und die heimische Ölindustrie zu nationalisieren, ohne deren Gewinne seine gefährlichen politischen Aktionen kaum denkbar gewesen wären. In der Theorie wählte er einen dritten Weg zwischen Kapitalismus und Kommunismus, was in der Bundesrepublik durchaus Anklang fand. Der blockfreie Status blieb für die

---

[1] Vgl. Ulf Engel, Die Afrikapolitik der Bundesrepublik Deutschland 1949–1999. Rollen und Identitäten, Hamburg 2000, S. 50.
[2] PA/AA, B 9, Ref. 02, Bd. 178355, Redeentwurf des Vortragenden Legationsrats I. Klasse Guido Brunner, Ref. 02, vom 25.9.1972.

Bundesregierung jedoch stets gefährdet, weil sich Libyen wie andere radikale Staaten der Region als Empfänger von Rüstungsgütern von der UdSSR abhängig machte. Im stetigen Auf und Ab der libysch-sowjetischen Beziehungen ging diese Abhängigkeit freilich nicht mit einer ausgeprägten politischen Interessengemeinschaft einher. Diese Differenzen waren im Strudel der tagesaktuellen Geschehnisse jedoch nicht immer gleich erkennbar, und so blieb Libyen für die sozial-liberalen Regierungen ein Land, in dem der Ost-West-Konflikt vor Ort ausgetragen wurde. Gaddafi von der UdSSR fernzuhalten, war eines der am häufigsten formulierten Anliegen der bundesdeutschen Libyen-Politik. Mochte dieses Vorhaben auch legitim sein, so war seine Kehrseite doch offenkundig, denn mit diesem Argument ließ sich alles Mögliche begründen: eine erhebliche Erweiterung der Wirtschaftsbeziehungen ebenso wie ein Ausbau der politischen Beziehungen. Selbst schwere Menschenrechtsverletzungen und die Unterstützung des internationalen Terrorismus konnten aus dieser Perspektive relativiert oder übersehen werden.

Doch nicht nur der Ost-West-Konflikt, sondern auch die Deutschlandpolitik stand für die Bundesregierung auf der Tagesordnung, wenn es um Libyen ging. Hier lassen sich drei Phasen ausmachen. Bevor der Grundlagenvertrag zwischen der Bundesrepublik und der DDR im Juni 1973 in Kraft trat, ging es der Regierung Brandt/Scheel darum, Libyen möglichst lange davon abzuhalten, den ostdeutschen Teilstaat anzuerkennen. Der heute absurd anmutende Wettlauf der beiden deutschen Staaten in Libyen begann bereits in den 1960er Jahren und setzte sich bis 1973 fort, als der DDR die völkerrechtliche Anerkennung gelang. Als Siegerin ging dennoch die Bundesrepublik vom Platz, da die DDR dem politischen und wirtschaftlichen Gewicht Westdeutschlands nicht annähernd gewachsen war. Der ostdeutsche Staat führte auch in den nächsten fünf Jahren trotz seiner nun formalen Gleichberechtigung ein Schattendasein in Tripolis. Das schien sich in einer dritten Phase ab 1978/79 zu ändern, als die DDR im Schlepptau der Sowjetunion zu einer aktiven Afrikapolitik überging. Die zum Teil nicht geringen politischen Erfolge der DDR in einzelnen Staaten des Kontinents ließen sich jedoch nicht auf Libyen übertragen; Gaddafis Heimat war kein klassisches Entwicklungsland mehr und ideologisch nie zu beeinflussen. Hier konnte einzig und allein die wirtschaftliche Großmacht Bundesrepublik Erfolge verbuchen. Eine ideologische Barriere gegenüber dem Ostblock bildete der – wenn auch unter staatlicher Aufsicht – reaktivierte islamische Glaube. Auch wenn der Islam ab Mitte der 1970er Jahre für den politischen Entscheidungsprozess in Libyen deutlich an Bedeutung verlor, behielt er doch seine Abwehrkräfte gegenüber sozialistischen oder kommunistischen Einflussversuchen.

Die extrem starke deutschlandpolitische Instrumentalisierung der Afrikapolitik fand 1972/73 ihr zwangsläufiges Ende. Kritik an diesem Konnex gab es bereits länger, vor allem aus dem afrikanischen Raum, so dass eine Neuorientierung unumgänglich war. An Bedeutung gewannen neben sicherheitspolitischen Überlegungen vor allem handels- und entwicklungspolitische Interessen. Charakteristisch war der Übergang von afrikafremden Zielen zu solchen, die sich direkt auf die Probleme des Kontinents bezogen[3]. Die Bundesrepublik wollte sich als „unersetzliche[r] Partner des wirtschaftlichen und sozialen Fortschritts" in (Schwarz-)Afrika präsentieren und konzentrierte ihre Entwicklungshilfe auf diesen Raum. Hier kam der wirtschaftlichen Zusammenarbeit besondere Bedeutung zu, wobei der viel zitierte Grundsatz galt, „Handel und Politik nicht ohne Not zu koppeln". So sollte der Wirtschaftsverkehr mit dem Apartheid-Regime in Südafrika, mit Ausnahme von Rüstungsexporten, fortgeführt werden, obwohl die Bundesregierung Rassendiskriminierung verurteilte und mit Bekenntnissen zum Recht auf Selbstbestimmung nicht hinter dem Berg hielt. Das bedeutete zwar einen Widerspruch, doch es gab angeblich „keine grundlegende realistische Alternative"[4]. Wichtig für die Bundesregierung war der „Grundsatz der Universalität ihrer internationalen Wirtschaftsbeziehungen"[5]. Menschenrechte spielten dabei eine untergeordnete Rolle.

Die Libyen-Politik der sozial-liberalen Koalition war von vornherein wirtschaftlich determiniert. Das Prinzip, Handel und Politik voneinander zu trennen, galt auch im Falle Libyens praktisch uneingeschränkt. Ende der 1960er und zu Beginn der 1970er Jahre stammten rund 40 Prozent der Öleinfuhren der Bundesrepublik aus Libyen. Dieser unvertretbar hohe Anteil wurde in den folgenden zehn Jahren im Zuge einer Diversifizierung der Bezugsquellen auf ungefähr 15 Prozent verringert. Trotzdem erlebten die deutsch-libyschen Wirtschaftsbeziehungen einen Boom ohnegleichen. Zwar gehörte Libyen von Anfang an neben Algerien, Nigeria und Südafrika zu

---

[3] Vgl. Engel, Afrikapolitik, S. 56–70 und S. 273.
[4] PA/AA, B 34, Ref. 320, Bd. 108239, Aufzeichnung von Ministerialdirektor Günther van Well, Abteilung 3, vom 25. 1. 1973 über „Grundzüge unserer Afrikapolitik".
[5] PA/AA, B 34, Ref. 320, Bd. 108239, Aufzeichnung des Referats 302 vom 15. 8. 1973. Die Vorlage („Leitgedanken zur deutschen Afrikapolitik") wurde am 29. 8. 1973 an das Bundeskanzleramt und alle Bundesministerien übermittelt, nachdem Außenminister Scheel in der Kabinettssitzung am 22. 8. 1973 einen Überblick über die Afrikapolitik gegeben hatte.

den vier bedeutendsten Wirtschaftspartnern Westdeutschlands in Afrika, doch resultierte seine Stellung zunächst in erster Linie aus dem hohen Wert der (Öl-)Einfuhren. Diese nahmen wertmäßig weiterhin erheblich zu, aber auch der Wert der Ausfuhren stieg bald kräftig an. Libyen avancierte zu einem bedeutenden Absatzmarkt für Güter „made in Germany" und besonders zu einem einzigartigen Auftraggeber für profitable Großprojekte in zahllosen Wirtschaftszweigen, die in dieser Form in ganz Afrika ihresgleichen suchten. Welche ökonomische Bedeutung dem Land beigemessen wurde, zeigte sich gerade daran, dass es zu Beginn der 1980er Jahre an die dritte Stelle der Obligoliste des Bundes vorrückte.

Auffällige Konjunkturen in den Wirtschaftsbeziehungen zwischen 1969 und 1982 waren nicht zu verzeichnen. Es handelte sich um eine, von minimalen Einbrüchen abgesehen, beständige Aufwärtsentwicklung, die nicht aufgehalten wurde: nicht durch die Förderung terroristischer Aktivitäten, für die Libyen unter Gaddafi verantwortlich zeichnete; nicht durch das Olympia-Attentat in München 1972; nicht durch den Mord an al-Mehdawi im Mai 1980 in Bonn; nicht durch die Entführung deutscher Staatsbürger; nicht durch die Begründung der Volks-Jamahiriya 1977, die eben keine Volksherrschaft war, sondern allein die Herrschaft Gaddafis stützte; nicht durch Menschenrechtsverletzungen, die seit dem Ende der 1970er Jahre wegen der Tätigkeit der Revolutionskomitees eine neue Dimension gewannen.

Dass die Bundesrepublik eine restriktive Rüstungsexportpolitik betrieb, hatte weniger mit Libyen und Gaddafi zu tun als mit der generellen Entscheidung, keine Kriegswaffen in den Nahen Osten zu liefern, der als Spannungsgebiet galt. Kritik der libyschen Führung an dieser Haltung konnte die Bundesregierung mit dem Hinweis kontern, man habe ja die Exporte von Rüstungsgütern „nicht besonders kriegswaffennahen Charakters" ausgeweitet. Zu überprüfen, ob diese Güter im zivilen oder im militärischen Bereich zum Einsatz kamen, war kaum möglich.

Dieser Kurs der sozial-liberalen Koalition war ein Exempel dafür, wie Wirtschaft und Politik entkoppelt wurden. Auf der anderen Seite wäre das Bild nicht vollständig, würde lediglich auf diese Leitlinie verwiesen werden. Dadurch, dass die Bundesrepublik exzellente wirtschaftliche Beziehungen zu Libyen pflegte, profitierte sie nämlich bisweilen auch in politischer Hinsicht. So drohte die libysche Führung zwar wiederholt damit, die Erdöllieferungen zu beschränken oder einzustellen, schreckte aber letztlich davor zurück, Öl konsequent als politische Waffe einzusetzen; dafür war die wirtschaftliche Abhängigkeit von der Bundesrepublik und von Westeuropa insgesamt viel zu hoch. Beim Nahost-Konflikt drängte Libyen die Westeuropäer

– und insbesondere die Bundesrepublik – zu einem härteren Kurs gegenüber Israel und zu Zugeständnissen gegenüber den Palästinensern. Die Regierung Schmidt/Genscher gab diesem Druck nach, indem sie sich 1974 die Forderung nach dem Selbstbestimmungsrecht für das palästinensische Volk zu eigen machte. Doch im Wesentlichen blieb es bei rhetorischen Bekenntnissen, und die libysche Seite verzichtete darauf, ihre radikalen Anliegen gegenüber der Bundesrepublik beharrlich weiter zu verfolgen. Hier spielte die Erkenntnis eine wichtige Rolle, dass es übergeordnete Interessen gab.

Den höchst spektakulären Fall der 1980 im Sudan entführten deutschen Geologen und ihrer ausländischen Begleiter konnte die Bundesregierung, wenn auch erst nach Monaten, souverän und ohne Zugeständnisse lösen. Das hatte auch damit zu tun, dass sie in Libyen einen guten Stand hatte, der sich nicht zuletzt aus ihrem wirtschaftlichen Potential ergab, und dass sie glaubhaft versichern konnte, an einer gedeihlichen Weiterentwicklung der deutsch-libyschen Beziehungen ernsthaft interessiert zu sein. Nicht ohne große Zugeständnisse verlief dagegen der zweifache Häftlingsaustausch im Mai 1983. Drei in der Bundesrepublik angeklagte oder verurteilte Libyer mussten aus der Haft entlassen werden, um zwölf Deutsche freizubekommen.

Politisch profitierte die Bundesrepublik gerade in dem Bereich, der in den bilateralen Beziehungen ganz besonders heikel war: bei der Bekämpfung des internationalen Terrorismus. Eine vor allem auf Betreiben der Bundesrepublik erarbeitete Konvention gegen Geiselnahme als wichtiges Teilstück der Terrorismusabwehr konnte im Dezember 1979 auch deshalb in den Vereinten Nationen auf den Weg gebracht werden, weil sich Libyen nach anfänglich scharfer Opposition am Ende dafür aussprach. Dass hinter diesem Sinneswandel die Taktik steckte, wenigstens nach außen hin gemäßigter aufzutreten und sich auf diese Weise weniger angreifbar zu machen, war eine andere Sache. Diese Taktik wurde in der Bundesrepublik meist falsch interpretiert, nämlich so, dass Libyen in bestimmten Fragen beeinflussbar sei und sich westlichen Vorstellungen annähere. Das war ein gründlicher Irrtum, auch wenn die Übereinkunft gegen Geiselnahme ein großer internationaler Erfolg für die Bundesrepublik war.

Dass Westdeutschland mit Libyen auf dem Feld der inneren Sicherheit zusammenarbeitete, zahlte sich zumindest partiell aus. Im Frühjahr 1975 begann ein umfangreicher, fast zweijähriger Ausbildungskurs für libysche Polizisten in der Bundesrepublik. Im Februar 1979 folgte ein zweiter Kurs. Diese Lehrgänge gingen mit regelmäßigen Kontakten zwischen dem Bundesinnenministerium, dem BKA und dem libyschen Innenministerium einher. Zweifel an der Kooperation gab es immer wieder, weil es letztlich undurchschaubar bleiben musste, ob damit nicht ein Beitrag zu den terroristischen Aktivitäten Libyens geleistet wurde. Eine gewisse Marge an Einflussmöglichkeiten hatte man sicherlich gewonnen, denn immerhin konnte die Regierung Schmidt/Genscher erreichen, dass während des „Deutschen Herbsts" keine Störfeuer aus Tripolis zu vermelden waren. Libyen sagte sogar Unterstützung in Fragen der Luftsicherheit zu und gab die Versicherung, eventuell freigepresste Mitglieder der RAF nicht aufzunehmen. Dabei spielte es ohne Zweifel eine Rolle, dass es offensichtlich keine direkten Verbindungen zwischen Libyen und der RAF gab. Jedoch bleibt festzuhalten, dass Libyen die palästinensischen Terroristen immer wieder unterstützte, mit denen sich die RAF zeitweilig verbündete. Insgesamt kann festgestellt werden, dass die Kooperation im Polizeibereich zwar die bilateralen Beziehungen förderte und der Bundesrepublik sogar konkrete Vorteile einbrachte, sich aber die Hoffnung als Illusion erwies, Libyens Haltung zum Terrorismus generell beeinflussen zu können.

Die Afrikapolitik der Bundesregierung erlebte bis zum Bruch der sozialliberalen Koalition 1982 keine konzeptionellen Neuerungen. Maßgeblich blieben auch weiterhin der „Primat der Friedenssicherung" und der „Grundsatz der Trennung von Politik und Wirtschaft". Wirtschaftliche Beziehungen sollten dabei keinesfalls als „Ausdruck moralischer oder politischer Billigung oder Unterstützung der Politik eines Landes" verstanden werden[6]. Ab 1977/78 ging es – angesichts der Erfolge der Afrikapolitik der UdSSR – verstärkt um den Ost-West-Konflikt, der sich auf den afrikanischen Kontinent übertragen hatte. Man erkannte Gefahren für die Fortführung der Entspannungspolitik, die „elementare Interessen der Bundesrepublik" berührten. Zugleich stellten sich Probleme wie die Sicherung von Handelswegen, der Schifffahrt und der Versorgung mit Rohstoffen, die eine „strategische Dimension" besaßen[7]. Die Konsequenzen lagen auf der Hand: Es kam darauf an, offensiv formuliert, eine Politik zu betreiben, die darauf abzielte, die Sowjetunion in Afrika „in ‚containment'" zu halten, dort „möglichst weite Bereiche zu gewinnen oder in echter Ungebundenheit zu halten". Libyen galt als

---

[6] PA/AA, B 34, Ref. 320, Bd. 125237, Gesprächsführungsvorschlag für ein „Round-Table-Gespräch" des Staatssekretärs van Well mit Botschaftern aus afrikanischen Staaten am 12.8.1977 in Bonn, der ihm von Ministerialdirektor Lahn am 10.8.1977 vorgelegt wurde.
[7] PA/AA, B 9, Ref. 02, Bd. 178396, „Gliederungspunkte" des Legationssekretärs Wolfgang Ischinger, Ref. 02, vom 7.9.1978 für ein afrikapolitisches Symposium.

Schwerpunkt sowjetischer Aktivitäten, aber ebenso als Land, das sich innenpolitisch nicht zur „Durchdringung" durch die UdSSR eignete[8].

Die Meinungen gingen allerdings darüber auseinander, ob Libyen als Satellit der östlichen Supermacht anzusehen sei oder nicht. Die amerikanische Administration unter Präsident Reagan vertrat diese Auffassung seit 1981 entschieden. Hinzu kam, dass Libyen unter Gaddafi weiter den Terrorismus unterstützte und eine expansive Politik im nordafrikanischen Raum betrieb. All das veranlasste die USA, einen Konfrontationskurs einzuschlagen, wobei offenkundig Ziele eine Rolle spielten, die nicht unmittelbar mit Libyen zu tun hatten. Es ging der amerikanischen Regierung auch darum, im Nahen Osten Stärke unter Beweis zu stellen, in der Auseinandersetzung mit der Sowjetunion ein Zeichen zu setzen und sich damit auch innenpolitisch zu profilieren. Diese Politik wurde in ganz Westeuropa nicht gut aufgenommen.

Libyen konnte trotz seiner massiven Abhängigkeit von sowjetischen Rüstungslieferungen nicht als Parteigänger der UdSSR charakterisiert werden. Die Regierung Schmidt/Genscher nahm an, dass äußerer Druck die Herrschaft Gaddafis im Inneren stabilisieren und ihn in die Arme der Sowjets treiben werde. Sie setzte deswegen auf Gespräche und die ungehinderte Fortsetzung der ausgezeichneten wirtschaftlichen Beziehungen. Es lag völlig auf dieser Linie, dass sich die Bundesregierung 1980 entschied, Gaddafi zu einem offiziellen Besuch einzuladen, der allein wegen der außenpolitischen Vabanquespiele des Revolutionsführers nicht zustande kam. 1981/82 war ein Besuch Gaddafis auch deshalb ausgeschlossen, weil die Bundesregierung Rücksicht auf die USA zu nehmen hatte, auch wenn sie nie vollständig auf die Linie der Reagan-Administration einschwenkte und trotz der amerikanischen Sanktionen nicht daran dachte, die wirtschaftlichen Beziehungen zu Libyen einzuschränken.

Schlussendlich brachte weder der eine noch der andere Kurs greifbare Resultate. Gaddafis Politik radikalisierte sich weiter, wobei die Vermutung naheliegt, dass dies teilweise auch unter dem Druck der USA geschah. Auf den ersten Blick erscheint die Haltung der Bundesregierungen daher überlegen, doch bleibt die Frage offen, ob die politische und besonders die wirtschaftliche Zusammenarbeit nicht Gaddafis Machtapparat stabilisierte und so neue innen- und außenpolitische Gewaltexzesse ermöglichte. Um das zu

---

[8] PA/AA, B 34, Ref. 320, Bd. 125236, „Ergebnisniederschrift" vom 13.6.1977 über eine Gesprächsrunde im Auswärtigen Amt zum Thema „Wir und die Dritte Welt; hier: Vorgehen der Sowjetunion" am Vortag.

verhindern, hätte es jedoch einer abgestimmten Politik der EG-Staaten und der USA bedurft, die aber aufgrund der widerstreitenden nationalen Interessen nicht zu erreichen war. So bleibt mit Blick auf die bundesdeutsche Libyen-Politik von 1969 bis 1982 ein ungutes Gefühl.

Als Gaddafi am 20. Oktober 2011 in Sirte ums Leben kam, war seine mehr als vierzigjährige Herrschaft über Libyen faktisch bereits beendet. Dieses Ende führten vor allem die USA, Frankreich und Großbritannien herbei, die für die Resolution 1973 des Sicherheitsrats der Vereinten Nationen vom 17. März 2011 stimmten und sich maßgeblich an der militärischen Intervention beteiligten, auch wenn es große Teile der libyschen Bevölkerung waren, die im Zuge des „arabischen Frühlings" den Stein erst ins Rollen brachten. Dass sich die Bundesrepublik bei der Abstimmung über die Resolution der Stimme enthielt, war in historischer Perspektive durchaus konsequent. Diese Entscheidung spiegelte im Grunde den politischen Kurs wider, den man schon in den 1970er Jahren gegenüber Libyen eingeschlagen hatte. Hätten die anderen westlichen Staaten 2011 ebenso gehandelt, wäre Gaddafis Herrschaft vermutlich noch um einiges verlängert worden.

Abkürzungen

AAPD	Akten zur Auswärtigen Politik der Bundesrepublik Deutschland
AEG	Allgemeine Elektricitäts-Gesellschaft
AV	Auslandsvertretung
BGBl.	Bundesgesetzblatt
BKA	Bundeskriminalamt
BMF	Bundesministerium der Finanzen
CDU	Christlich Demokratische Union Deutschlands
CIA	Central Intelligence Agency
CSU	Christlich-Soziale Union
DDR	Deutsche Demokratische Republik
DM	Deutsche Mark
EG	Europäische Gemeinschaften
EPZ	Europäische Politische Zusammenarbeit
FDP	Freie Demokratische Partei
KPdSU	Kommunistische Partei der Sowjetunion
NATO	North Atlantic Treaty Organization
OAE	Organisation für Afrikanische Einheit
ÖVP	Österreichische Volkspartei
OPEC	Organization of the Petroleum Exporting Countries
PA/AA	Politisches Archiv des Auswärtigen Amts
PFLP(-SC)	Popular Front for the Liberation of Palestine (Special Command)
PLO	Palestine Liberation Organization
RAF	Rote Armee Fraktion
Ref.	Referat
RKR	Revolutionärer Kommandorat
SED	Sozialistische Einheitspartei Deutschlands
SPD	Sozialdemokratische Partei Deutschlands
SPÖ	Sozialdemokratische Partei Österreichs
UdSSR	Union der Sozialistischen Sowjetrepubliken
US(A)	United States (of America)
VEBA	Vereinigte Elektrizitäts- und Bergwerks AG
VfZ	Vierteljahrshefte für Zeitgeschichte
VN	Vereinte Nationen
VÖEST	Vereinigte Österreichische Eisen- und Stahlwerke

Zeitgeschichte im Gespräch

Band 1
Deutschland im Luftkrieg
Geschichte und Erinnerung
D. Süß (Hrsg.)
2007. 152 S. € 16,80
ISBN 978-3-486-58084-6

Band 2
Von Feldherren und Gefreiten
Zur biographischen Dimension des
Zweiten Weltkriegs
Ch. Hartmann (Hrsg.)
2008. 129 S. € 16,80
ISBN 978-3-486-58144-7

Band 3
Schleichende Entfremdung?
Deutschland und Italien nach dem
Fall der Mauer
G.E. Rusconi, Th. Schlemmer,
H. Woller (Hrsg.)
2. Aufl. 2009. 136 S. € 16,80
ISBN 978-3-486-59019-7

Band 4
Lieschen Müller wird politisch
Geschlecht, Staat und Partizipation im
20. Jahrhundert
Ch. Hikel, N. Kramer, E. Zellmer
(Hrsg.)
2009. 141 S. € 16,80
ISBN 978-3-486-58732-6

Band 5
Die Rückkehr der Arbeitslosigkeit
Die Bundesrepublik Deutschland im
europäischen Kontext 1973–1989
Th. Raithel, Th. Schlemmer (Hrsg.)
2009. 177 S. € 16,80
ISBN 978-3-486-58950-4

Band 6
Ghettorenten
Entschädigungspolitik, Rechtsprechung
und historische Forschung
J. Zarusky (Hrsg.)
2010. 131 S. € 16,80
ISBN 978-3-486-58941-2

Band 7
Hitler und England
Ein Essay zur nationalsozialistischen
Außenpolitik 1920–1940
H. Graml
2010. 124 S. € 16,80
ISBN 978-3-486-59145-3

Band 8
Soziale Ungleichheit im Sozialstaat
Die Bundesrepublik Deutschland und
Großbritannien im Vergleich
H.G. Hockerts, W. Süß (Hrsg.)
2010. 139 S. € 16,80
ISBN 978-3-486-59176-7

Band 9
Die bleiernen Jahre
Staat und Terrorismus in der
Bundesrepublik Deutschland und
Italien 1969–1982
J. Hürter, G.E. Rusconi (Hrsg.)
2010. 128 S. € 16,80
ISBN 978-3-486-59643-4

Band 10
Berlusconi an der Macht
Die Politik der italienischen Mitte-
Rechts-Regierungen in vergleichender
Perspektive
G.E. Rusconi, Th. Schlemmer,
H. Woller (Hrsg.)
2010. 164 S. € 16,80
ISBN 978-3-486-59783-7

Band 11
Der KSZE-Prozess
Vom Kalten Krieg zu einem
neuen Europa 1975–1990
H. Altrichter, H. Wentker (Hrsg.)
2011. 128 S. € 16,80
ISBN 978-3-486-59807-0

Band 12
Reform und Revolte
Politischer und gesellschaftlicher
Wandel in der Bundesrepublik
Deutschland vor und nach 1968
U. Wengst (Hrsg.)
2011. 126 S. € 16,80
ISBN 978-3-486-70404-4

Band 13
Vor dem dritten Staatsbankrott?
Der deutsche Schuldenstaat in
historischer und internationaler
Perspektive
M. Hansmann
2., durchgesehene Auflage 2012.
113 S., € 16,80
ISBN 978-3-486-71785-3

Band 14
Das letzte Urteil
Die Medien und der Demjanjuk-Prozess
R. Volk
2012. 140 S. € 16,80
ISBN 978-3-486-71698-6

www.ingramcontent.com/pod-product-compliance
Lightning Source LLC
Chambersburg PA
CBHW061943220426
43662CB00012B/2005